기독교문서선교회 (Christian Literature Center: 약칭 CLC)는 1941년 영국 콜체스터에서 켄 아담스에 의해 시작되었으며 국제 본부는 미국 필라델피아에 있습니다. 국제 CLC는 59개 나라에서 180개의 본부를 두고, 약 650여 명의 선교사들이 이동 도서차량 40대를 이용하여 문서 보급에 힘쓰고 있으며 이메일 주문을 통해 130여 국으로 책을 공급하고 있습니다. 한국 CLC는 청교도적 복음주의 신학과 신앙 서적을 출판하는 문서선교기관으로서, 한 영혼이라도 구원되길 소망하면서 주님이 오시는 그날까지 최선을 다할 것입니다.

회개, 거듭남 그리고 전도

Repentation, Re-birth and Evangelism
Written by ha Jun Jun
All rights reserved.
Korean Edition Copyright ⓒ 2024 by Christian Literature Center, Seoul, Korea.

회개 거듭남 그리고 전도

2024년 4월 22일 초판 발행

지은이	전하준
편집	양가원
디자인	이보래, 박성준, 서민정
펴낸곳	(사)기독교문서선교회
등록	제16-25호(1980.1.18.)
주소	서울특별시 동대문구 천호대로71길 39
전화	02-586-8761-3(본사) 031-942-8761(영업부)
팩스	02-523-0131(본사) 031-942-8763(영업부)
이메일	clckor@gmail.com
홈페이지	www.clcbook.com
송금계좌	기업은행 073-000308-04-020 (사)기독교문서선교회
일련번호	2024-35

ISBN 978-89-341-2679-9 (03230)

이 책의 출판권은 (사)기독교문서선교회가 소유합니다.
신저작권법에 의하여 한국 내에서 보호받는 저작물이므로 무단 전재와 무단 복제를 금합니다.

회개,
거듭남
그리고 전도

전하준 지음

마지막 때를 위한 모두의 신앙 지침서
"당신은 거듭나셨습니까? 아니라면, 서두르십시오."

CLC

차례

서문	7
제1장 회개	**9**
1. 회개의 중요성(눅 18:8)	9
2. 회개하라(마 4:17)	12
3. 회개와 용서(마 6:12)	15
4. 수고와 무거운 짐(마 11:28-30)	18
5. 고백과 회개(요일 1:7)	21
6. 신본주의(롬 12:1-2)	24
7. 영적 다림줄(시 119:105)	27
8. 행복의 본질(시 62:1-2)	30
9. 영 분별력(마 24:3-5)	33
10. 그리스도인의 영적 전투력(벧전 5:8-9)	35
11. 탐심(골 3:5)	38
12. 진리를 알자(요 8:32)	41
13. 충성(고전 4:2)	43
14. 성령 모독죄(마 12:31-32)	46
15. 현대판 고르반(마 15:1-9)	50
16. 오직 의인은 믿음으로 산다(합 2:4)	54
17. 구원의 확신(롬 8:1-2)	64
18. 참된 경건(약 1:26-27)	68
19. 두 종류의 사람(행 2:37; 7:54)	74
20. 구약을 완성하신 예수님(마 5:17)	82

제2장 성경에서 바라본 후회의 사람, 반성의 사람, 회개의 사람　137

1. 후회의 사람　137
2. 반성의 사람　141
3. 회개의 사람　149

제3장 회개와 거듭남　158

1. 거듭나야 하는 이유　158
2. 하나님이 참신이신 이유　160
3. 예수님이 구세주이신 이유　162
4. 지금은 성령 시대　164
5. 예수님의 삶　164
6. 거듭남의 방법　167
7. 거듭남의 신비　171
8. 거듭남의 확인　175

제4장 거듭남과 전도　181

1. 사도 바울에게 배우는 두 가지 전도 방법　181
2. 예수님께 배우는 두 가지 전도 방법　191

제5장 드리는 말씀　203

1. 요한복음 3장 16절 전도법　203
2. 요한복음 3장 16절 전도법 매뉴얼　207

부록 거듭남의 방법 총정리　211

성령님의 자가용이 되고 싶습니다

나는 성령님의 자가용이 되고 싶습니다.
은혜의 휘발유를 영과 육에 가득 주입하고
성령님이 운전하시는 대로 굴러가는
성령님의 자가용이 되고 싶습니다.
나도 자가용이 있습니다.
내 자가용은 단 한 번도 내가 운전하는 데
못 가겠다고 거절한 적이 없습니다.
내가 물과 불에라도 뛰어들어 가면
그대로 따를 것입니다.
나도 그렇게 순종하는 성령님의 자가용이
되고 싶습니다.

서문

　우리 그리스도인들은 말씀을 묵상하기 전에 먼저 하나님, 예수님, 성령님 이 세 분의 궁극적인 목적을 알아야 합니다. 그것은 바로 우리들의 영혼 구원입니다. 이 사실을 염두에 두고 말씀을 묵상하면 늘 궁금했던 구원에 관한 모든 것이 선명하게 깨달아 알아지게 됩니다.
　하나님께서 "내가 거룩하니 너희도 거룩하라"고 명령하셨습니다.
　왜일까요?
　하나님은 너희가 거룩해져야만 천국에서 나를 만날 수 있다고 말씀하셨기 때문입니다.
　또한, 예수님께서는 "너희들이 거듭나지 아니하면 하나님 나라를 볼 수 없다"고 말씀하셨습니다.
　거듭남이란 무엇일까요?
　하나님의 영이신 성령님을 성도의 마음속에 주인으로 모셔 드리는 것입니다. 이때부터 비로소 성령님의 견인하심으로 하나님의 속성인 거룩함이 성도의 삶을 통하여 나타나기 시작합니다.
　거룩함, 거듭남, 성도의 견인 모두가 구원에 초점이 맞춰져 있으며 동의어입니다. 그런데 비극 중에서 비극인 것은 대부분의 성도나 교회 지도자가 이 구원의 역사를 간과한다는 사실입니다. 이러다 보니 교인들은 평생 말씀을 듣고도 죽어서 지옥 불에 던져질 처지에 놓였습니다.

성도 여러분!

무엇보다 우리 그리스도인들은 말씀으로 돌아가야 합니다. 거듭나는 방법, 거듭남의 확인 등 모든 것이 요한복음과 사도행전에 상세히 기록되어 있습니다.

그러므로 누구도 하나님의 심판대 앞에 섰을 때 몰랐다고 부인할 수 없을 것입니다.

성도 여러분!

서둘러 요한복음과 사도행전을 묵상하십시오. 시대가 너무 악해서 여유를 가질 시간이 없습니다.

> 예수께서 대답하여 이르시되 진실로 진실로 네게 이르노니 사람이 거듭나지 아니하면 하나님의 나라를 볼 수 없느니라(요 3:3).

제1장

회개

1. 회개의 중요성 (눅 18:8)

어린 시절 학교 운동장에서 뛰어놀다 보면, 갑자기 모래바람이 심하게 일어날 때가 있습니다. 그럴 때는 바람의 방향을 잘 관찰해서 요리조리 모래바람을 피할 수 있었습니다. 그런데 요즘 황사 바람은 전 국토를 뒤덮어 버려서 제대로 피할 곳도 없습니다.

예전에는 죄를 짓지 않으려면, 몇 곳만 피하면 죄지을 일이 별로 없었습니다.

그런데 요즘은 어떠합니까?

집 앞만 나서면 죄지을 곳이 허다합니다.

그렇다고 집 안은 안전합니까?

전혀 그렇지 않습니다.

우상보다 더 무섭다는 TV, 인터넷 이제 스마트폰까지 가세했습니다. 세상은 모든 곳에서 속고 속이는 전쟁터가 되어 버렸으며 공의, 정의, 기업윤리와 상도덕은 이미 자취를 감춘 지 오래되었습니다. 오히려, 이런 것을 지키고 살면 모자란 사람 취급받게 됩니다.

핍박받던 초대 교회 성도들의 순교자적 삶이 오히려 단순하고 쉬워 보이기까지 합니다. 반도체와 같은 정밀 기계를 만드는 공장에서는 오염된 공기를 걸러내는 공기 청정기가 필수적으로 있어야 합니다. 우리의 영적 상태 또한 세상 죄로부터 분리 차단할 영적 공기 청정기가 필요합니다. 그 영적 공기 청정기가 바로 회개입니다.

> 내 이름으로 일컫는 내 백성이 그들의 악한 길에서 떠나 스스로 낮추고 기도하여 내 얼굴을 찾으면 내가 하늘에서 듣고 그들의 죄를 사하고 그들의 땅을 고칠지라 (대하 7:14).

앞부분에서 언급했지만, 예전과 달리 죄지을 일이 많아지고 수월해진 현대를 살아가는 그리스도인들에게 하나님의 특별 은총이 필요하다고 말하는 그리스도인들도 있습니다. 하지만, 끝도 없이 낮아지는 인간의 기준에 하나님의 기준을 맞추기 시작하면 하나님의 율법은 어느 순간에 무용지물이 되고 말 것입니다.

그렇다면 하나님께서는 이런 인간의 타락을 미리 알지 못하셨을까요? 절대로 그럴 리 없습니다.

인간의 창조 이전에 이미 인간의 타락상을 아시고 예수님을 통한 구원 계획을 세우신 하나님이 아니십니까?

이처럼 인간들의 타락상을 아신 하나님께서는 인간들을 위해서 어떤 계획을 세워 놓으셨을까요?

마태복음 18장 21-22절 말씀에 보면 베드로가 예수님께 용서에 대해 질문하는 장면이 나옵니다.

"베드로가 예수님께 여쭙기를 형제 중에 누가 내게 죄를 범하면 내가 그 형제를 일곱 번 정도 용서해 주면 될까요?"

이렇게 묻습니다. 그러면서 베드로는 마음속으로 자신이 예수님으로부터 큰 칭찬을 들을 것으로 기대했을 것입니다.

"눈에는 눈", "이에는 이"라고 가르침을 받던 그 당시의 상황으로서는 상상도 할 수 없는 배려였으니까 말입니다. 그런데 예수님께서는 베드로에게 칭찬은커녕 실로 충격적인 말씀을 하셨습니다.

> 베드로야 내 말을 잘 들어라 누가 네게 죄를 범하면 일곱 번뿐 아니라 일곱 번을 일흔 번까지라도 용서해 주거라 (마 18:22).

왜 예수님께서는 제자인 베드로에게 용서에 대해서 이렇게 관대하게 가르쳤을까요?

이 말씀은 예수님께서 하나님의 자녀인 우리가 죄악 된 세상을 살아가면서 수많은 유혹으로부터 결코 자유로울 수 없음을 미리 아시고, 우리에게 회개가 절대적으로 필요하다는 것을 염두에 두시고 하신 말씀입니다.

예수님께서 베드로에게 일곱 번을 일흔 번까지라도 용서해 주라고 가르치셨는데, 하물며 하나님의 자녀인 우리가 하나님 아버지께 용서를 구한다면 아버지께서 어떻게 모른 척하실 수 있겠습니까?

하나님께서 우리 인간들에게 회개라는 안전장치를 최고의 선물로 주셨습니다. 죄가 더한 곳에서 은혜 또한 넘칩니다.

그렇다고 은혜를 더하기 위해 죄를 짓겠습니까?

그럴 수 없습니다. 마찬가지로 용서해 주시는 회개로 인하여 마음 놓고 죄를 짓겠습니까?

절대 그럴 수 없습니다.

죄악된 세상을 살아가면서 죄에 물들지 않기 위해 몸부림치다가 알게 모르게 지은 죄 때문에 애통해하는 마음 그것이 회개입니다.

> …회개하라 천국이 가까이 왔느니라…(마 4:17).

†질문 당신의 마음속에 늘 애통함이 있습니까?

2. 회개하라(마 4:17)

기독교의 교리는 원죄와 자범죄를 동등한 죄로 여깁니다. 따라서 이 교리의 신조는 두 죄 모두 같은 분량의 회개를 요구하고 있습니다. 원죄는 모든 죄의 뿌리이며 모든 자범죄는 원죄의 뿌리에서 나온 가지입니다. 그 때문에 원죄 자체만으로도 하나님의 영원한 형벌을 받기에 충분한 근거가 되는 것입니다. 결론적으로 말씀드리면 모든 인류는 필연적으로 두 가지 귀추에 도달할 수밖에 없습니다. 원래 가졌던 의를 회복하든지 영원한 파멸을 맞든지 말입니다.

- 윌리엄 쉐드

매번 넘어지고 일어서며 나아가면서 끊임없이 만족할 만한 복종의 길을 견지하려고 애쓰는 사람들이 있습니다. 하나님께서 이런 이들을 겸손한 마음을 가진 세대로 인정하십니다.

- 토마스 보스턴

군대 사령관은 자기 부하 군인들을 나의 아들(My Son)이라고 부릅니다. 부하들을 자기 목숨보다 더 소중히 여긴다는 뜻일 것입니다. 하지만, 그렇게 사랑하는 부하라 할지라도 군법을 어겼을 때는 가차 없이 징계하거나 처벌합니다. 그것은 한 개인이 미워서가 아니라, 공동체에 미치는 영향 때문입니다.

사자성어에 "읍참마속"(泣斬馬謖)이란 말이 있습니다. 촉한의 제갈량이 군령을 어긴 마속을, 눈물을 흘리면서 목을 베었다는 고사에서 유래된 말입니다. 군율(軍律)을 세우기 위해서는 사랑하고 아끼는 사람도 버림을 이르는 말입니다.

하나님은 어떤 분입니까?

하나님은 사랑의 하나님이시기도 하지만, 공의의 하나님이시기도 합니다. 우리가 하나님을 신뢰하는 것은 사랑의 하나님이시기도 하지만, 공의의 하나님이시기에 더욱 그렇다는 말이 있습니다. 신앙생활에 있어서 심판 주 하나님을 망각하게 되면 하나님의 준엄한 심판을 피할 수가 없습니다.

그런데도 하나님께서는 사랑하는 자녀들에게 회개라는 너무나 큰 은혜의 선물을 주셨습니다.

> 동이 서에서 먼 것 같이 우리의 죄과를 우리에게서 멀리 옮기셨으며(시 103:12).

> 다시 우리를 불쌍히 여기셔서 우리의 죄악을 발로 밟으시고 우리의 모든 죄를 깊은 바다에 던지시리이다(미 7:19).

> 만일 우리가 우리 죄를 자백하면 그는 미쁘시고 의로우사 우리의 죄를 사하시며 우리를 모든 불의에서 깨끗하게 하실 것이요(요일 1:9).

회개는 우리가 알고 있는 후회나 자기반성과는 전혀 다른 차원입니다. 회개는 자신이 가고 있는 잘못된 길에서 완전히 돌아서는 것을 말합니다. 회개는 하나님이 주시는 최고의 선물이요 은혜입니다.

> 너희는 그 은혜에 의하여 믿음으로 말미암아 구원을 받았으니 이것은 너희에게서 난 것이 아니요 하나님의 선물이라(엡 2:8).

또한, 우리가 간절히 구할 때 주십니다.

> 너희가 악한 자라도 좋은 것으로 자식에게 줄 줄 알거든 하물며 하늘에 계신 너희 아버지께서 구하는 자에게 좋은 것으로 주시지 않겠느냐(마 9:11).

두 말씀이 상반된 말씀 같지만, 동전의 양면과 같은 말씀입니다. 즉, 구하는 마음을 주시는 분도 하나님이시기 때문입니다.

> 너희 안에서 행하시는 이는 하나님이시니 자기의 기쁘신 뜻을 위하여 너희에게 소원을 두고 행하게 하시나니(빌 2:12).

행함이 없는 믿음은 죽은 믿음인 것과 같이 행함이 없는 회개 또한 거짓 회개입니다.

> 그러므로 회개에 합당한 열매를 맺고…(눅 3:8).

그리스도인들의 믿음의 시작은 일상생활 속에서의 구체적인 회개에서부터 시작되어야 합니다(참고, 눅 3:7-14).
또 한 가지 중요한 사실은 진정한 회개는 다른 이의 용서가 수반되어야 합니다. 용서 없는 회개 또한 진정한 회개가 아닙니다. 회개의 열매는 용서입니다. 그 열매로 인해 행함이 사랑입니다. 그러므로 회개의 완성은 사랑입니다.

> 사람이 친구를 위하여 자기 목숨을 버리면 이보다 더 큰 사랑이 없나니 너희는 내가 명하는 대로 행하면 곧 나의 친구라(요 15:13-14).

예수님께서는 우리들의 믿음이 여기까지 자라기를 원하십니다. 궁극적으로 회개는 예수님의 뜻을 이루어 가는 첫걸음임을 깊이 인식해야 합니다.

† **질문** 지금 생각나는 사람이 있습니까?

3. 회개와 용서 (마 6:12)

회개와 용서는 바늘과 실 같은 관계입니다.
자신은 하나님으로부터 모든 죄를 용서받았다고 자랑스럽게 얘기하면서, 다른 사람은 절대로 용서하지 못한다거나 다른 사람은 용서하지 못하면서, 자신은 하나님으로부터 용서받기를 기대한다는 것은 한마디로 말해서 어불성설입니다. 용서는 하나님께서 우리 인간에게 내리신 최고의 선물인 동시에 준엄한 명령이기도 합니다.

> 너희가 사람의 잘못을 용서하지 아니하면 너희 아버지께서도 너희 잘못을 용서하지 아니하시리라 (마 6:15).

에덴동산 이후, 인간은 진노의 자녀로 마음 상태는 미움과 원망으로 가득 차 있습니다. 대부분 사람은 자신의 경쟁자나 친구, 이웃들이 자신보다 조금이라도 우위에 있다는 생각이 들면, 강한 질투심으로 견딜 수 없으며 어떻게든 상대의 약점을 찾아내어 마음의 위안으로 삼으려고 혈안이 됩니다. 또한, 자신이 피해를 보거나 손해를 보는 일은 절대로 용납하지 않으려고 합니다.
그러다 보니, 주위의 사람들이 자신에게 베푸는 고마움은 기억하지 않고 서운한 감정만 기억에 남아서 상대에 대한 원망과 미움만 마음에 가득합니다. 그런 가운데 잔뜩 기대하는 마음으로 새로운 사람을 사귀어 보지만 예전의 삶과 별반 다를 바가 없습니다. 늘 실망스러운 관계만 되풀이될 뿐입니다. 우리 삶의 사고방식이 미워해야 할 이유는 많이 가지고 있는 반면에 용서해야 할 이유는 별로 가지고 있지 않습니다.

이런 일들의 많은 부분이 지나친 경쟁심이 불러일으킨 사회적 폐해입니다. 우리는 미워하는 마음을 돌이켜 용서하는 법을 배워야 합니다. 용서하기 위해서는 지금까지 미워한 모든 일들을 철저하게 회개하여 미움의 굳은 마음을 먼저 제거해야 합니다. 그리고 다른 사람을 사랑할 수 있는 마음을 달라고 하나님께 기도로 간구해야 합니다.

예수님께선 용서는 성도가 천국에 입성하는 데 중요한 요인이 된다며 제자들에게 비유로 말씀해 주셨습니다.

어떤 주인이 한 해의 결산을 위하여 종들을 소집시켰습니다. 그때 만 달란트 빚진 종을 다른 종들이 주인 앞에 데리고 왔습니다. 갚을 능력이 없음을 잘 아는 주인이 다른 종들에게 명하여 빚진 종과 그의 아내와 자식들과 그의 소유를 남김없이 다 팔아 빚 일부라도 갚게 하라고 명령을 내렸습니다. 이에 당황한 종이 땅에 엎드려 울부짖으며, 다 갚을 테니 시간을 달라고 눈물로 애원했습니다.

이를 불쌍히 여긴 주인이 종의 빚을 한 푼도 남김없이 다 탕감해 주었습니다. 크게 안도의 숨을 돌린 종이 혹여 주인의 마음이 바뀔까 봐 조마조마한 마음으로 그 자리를 벗어났습니다. 그리고 얼마쯤 길을 가다 자기에게 백 데나리온 빚진 동료를 만났습니다. 그러자 방금 자기에게 베푼 주인의 고마운 마음은 까맣게 잊은 채, 빚진 동료의 멱살을 잡고 빌려 간 돈을 당장 내어 놓으라고 윽박질렀습니다.

겁에 질린 동료가 조금만 시간을 달라고 땅에 엎드려 애원했지만, 그는 동료를 끌고 가서 돈을 갚을 때까지 옥에 가둬버렸습니다. 이를 목격한 다른 동료들이 심히 괘씸하게 생각하여 주인에게 이 악한 종이 행한 모든 일을 하나하나 남김없이 고해바쳤습니다. 종의 악한 행실을 전해 들은 주인은 바로 악한 종을 잡아들였습니다. 그리고 주인이 악한 종에게 이렇게 말하고 그를 옥에 가둬버렸습니다.

"내가 너를 불쌍히 여김같이 너도 네 동료를 불쌍히 여김이 마땅하지 않으냐. 너도 내 돈을 다 갚기 전에는, 옥에서 한 발짝도 나올 수 없다."

이 비유의 말씀을 두고 한 해설을 참고해 보면, 만 달란트는 6천만 데나리온에 해당한다고 합니다. 1데나리온은 당시 일용직 노동자의 하루 품삯으로 만 달란트는 노동자가 6천만 일 동안 일하고도 한 푼도 쓰지 않고 모아야 하는 엄청난 금액이었습니다. 헤롯 왕의 일 년 소득이 9백 달란트였고, 갈릴리와 베뢰아에서 걷힌 일 년 세액이 모두 2백 달란트에 불과했다는 사실을 감안하여 보면, 만 달란트는 개인의 차원에서는 상상조차 할 수 없는 거액입니다.

이 비유는 두 가지 사실을 시사해 줍니다.

첫째, 인간은 하나님께 대하여 자신의 힘으로는 도저히 청산할 수 없는 거대한 빚을 진 죄인입니다.

둘째, 하나님께 값없이 받은 헤아릴 수 없이 큰 은혜를 이웃에게 베풀어야 합니다.

> 너희가 각각 마음으로부터 형제를 용서하지 아니하면 나의 하늘 아버지께서도 너희에게 이와 같이 하시리라(마 18:35).

† **질문** 당신은 용서하지 못하는 사람이 있습니까?

4. 수고와 무거운 짐(마 11:28-30)

예수님께서는 "수고하고 무거운 짐 진 자들은 누구든지 다 내게로 오라."고 말씀하십니다. 그리하면 너희가 어떤 상황에 부닥쳐 있든지 편히 쉬게 해 주겠다고 약속하셨습니다(마 11:28). 세상에는 다양한 사람만큼이나, 많은 수고의 짐들이 있습니다.

수고의 사람으로 성경에서 비추어 볼 때, 갈릴리 출신 어부였던 시몬 베드로가 떠오릅니다. 그는 갈릴리 바다에서 잔뼈가 굵은 어부였습니다. 예수님을 만난 그날도 베드로는 만선의 꿈을 꾸며 그물질했지만, 밤이 새도록 한 마리의 고기도 잡지 못했습니다. 그는 심신이 지칠 대로 지쳐 있었으며, 모든 것이 귀찮았습니다. 배에서 내려 그물을 씻는데 어깨가 축 처져 있었습니다.

그때 예수님께서 오셔서 배에 오르시며 모여드는 군중들과 거리를 두기 위해 베드로에게 배를 육지에서 조금 떼기를 부탁하셨습니다. 욱하는 성격의 마도로스 베였지만, 자신의 처한 환경과 상관없이 예수님의 말씀을 고분고분 잘 따랐습니다.

그는 이미 예수님의 명성을 익히 잘 알고 있었습니다(눅 4:31-37). 그뿐만 아니라, 자기 장모의 열병을 치료해 주신 분이기도 했기 때문입니다(눅 4:38-39). 모인 군중에게 가르치심을 마친 예수님께서 고마움을 가득 담은 얼굴로 베드로를 바라보시며, 깊은 데로 가서 그곳에 그물을 내리고 고기를 잡으라고 말씀하셨습니다.

> 시몬이 대답하여 이르되 선생님 우리들이 밤이 새도록 수고하였으되 잡은 것이 없지마는 말씀에 의지하여 내가 그물을 내리리이다 하고(눅 5:5).

하지만, 베드로는 예수님께 이렇게 말하고 싶었는지 모릅니다.

"선생님, 제가 이래 봬도 이 지역에서 알아주는 베테랑 어부입니다. 제 경험으로 미루어 봐서 선생님이 말씀하시는 그 자리는 고기가 잡힐 포인트가 아닙니다. 하지만, 그동안 저희에게 고마운 일을 많이 해 주셔서 보답하는 의미로 그물을 한번 내려 보겠습니다."

그러나 베드로의 생각은 완전히 빗나가 버렸습니다. 설마 하며 성의 없이 그물을 당기는데 얼마나 씨알이 굵고 힘이 좋은 고기들이 많이 잡혔는지 그물이 찢어지기까지 했습니다. 자신들의 힘으로는 도저히 감당할 수 없어서 급히 다른 배의 친구들을 불러 두 배에 퍼 담았는데 두 배가 물에 잠길 정도로 어획량이 많았습니다.

정신없이 고기를 퍼 담은 베드로가 정신을 차리고 보니 자신이 지금까지 보지도 듣지도 못한 엄청난 양의 물고기를 보면서, 조금 전 자신이 예수님의 말씀을 가볍게 여긴 일과 또한 거룩한 분의 임재를 느끼면서 자신이 죄인임을 깨달아 알게 되는 회개의 고백을 하지 않을 수 없었습니다.

> 시몬 베드로가 이를 보고 예수의 무릎 아래에 엎드려 이르되 주여 나를 떠나소서 나는 죄인이로소이다 하니(눅 5:8).

예수님께서는 당신의 초자연적인 능력 앞에 벌벌 떨고 있는 베드로와 그 친구들의 마음을 달래 주시면서, 베드로에게 앞으로는 네가 사람을 낚는 어부가 되게 해 주시겠다고 말씀하셨습니다. 이 일 후에 베드로는 예수님의 수제자가 되는 영광된 자리에 섰습니다.

> 또 내가 네게 이르노니 너는 베드로라 내가 이 반석 위에 내 교회를 세우리니 음부의 권세가 이기지 못하리라(마 16:19).

계속해서 무거운 짐 진 자를 성경에서 떠올려 보면 인류 최초의 조상인 아담과 하와의 큰아들 가인이 떠오릅니다. 가인은 동생 아벨과 함께 각자의 소산으로 하나님께 제물을 드렸습니다. 그런데 그는 -하나님께서 동생 아벨의 제물은 받아 주셨지만, 자기 제물은 받지 않음에 몹시 분개하여- 동생 아벨을 죽였습니다. 이 사건으로 인하여, 하나님으로부터 저주받은 가인은 깊은 죄책감에 사로잡혀 자기가 가지고 있는 죄와 벌이 너무 무거워 견딜 수 없다며 하나님께 선처를 호소했습니다.

하지만, 가인이 짊어진 무거운 짐은 인간의 힘으로는 도저히 해결할 수 없는 짐입니다. 이런 인간의 힘으로는 해결할 수 없는 무거운 짐을 해결하기 위하여 예수님께서 친히 이 땅에 오셨습니다.

> 인자가 온 것은 섬김을 받으려 함이 아니라 도리어 섬기려 하고 자기의 목숨을 많은 사람의 대속물로 주려 함이니라(마 20:28).

예수님께서 우리에게 무거운 짐을 벗을 방법을 말씀해 주셨습니다.
"너희가 가지고 있는 염려, 근심, 걱정을 다 나에게 맡기라."
그리고 더 나아가 너희 마음속에 내가 들어가 같이 살고 싶다고 말씀하십니다.

> 볼지어다 내가 문밖에 서서 두드리노니 누구든지 내 음성을 듣고 문을 열면 내가 그에게로 들어가 그와 더불어 먹고 그는 나와 더불어 먹으리라(계 3:20).

어떻게 하면 예수님을 내 마음속에 모셔 드릴 수 있을까요?
그 방법은 거듭남에 있습니다.

> 예수께서 대답하여 이르시되 진실로 진실로 네게 이르노니 사람이 거듭나지 아니하면 하나님의 나라를 볼 수 없느니라(요 3:5).

거듭남은 회개에서부터 시작됩니다. 회개는 예수님을 만나는 첫걸음입니다.

> 무릇 내가 사랑하는 자를 책망하여 징계하노니 그러므로 네가 열심을 내라 회개하라(계 3:19).

† **질문** 당신은 회개의 삶을 살고 계십니까?

5. 고백과 회개(요일 1:7)

아침밥을 준비하려고 찜솥에 나물을 찌고 있었습니다. 나물의 상태를 확인하려고 찜솥 뚜껑을 여는 순간 뿜어져 나오는 뜨거운 김으로 인하여 손가락 세 개를 데이고 말았습니다. 한 손가락은 비교적 상태가 덜했지만, 한 손가락은 껍질이 벗겨져 속살이 벌겋게 보였으며, 다른 중지 한 마디는 물풍선처럼 부풀어 올랐습니다.

얼마나 쓰리고, 아팠는지 아침밥을 먹지 못할 정도였습니다. 너무 고통스럽다는 화상 환자의 심정을 조금이나마 알 것 같았습니다. 손을 다친 상처는 작은 데 비해 여러모로 불편했습니다. 그렇지만, 오른손잡이인 나로서는 왼손이 데어서 그나마 다행이었습니다. 하루에도 몇 번씩 약을 바르고 치료했지만, 탱탱하게 부풀어 오른 물집이 영원히 그대로 있을 것만 같았습니다.

그런데도 시간이 지나가니 탱탱했던 물집이 쭈글쭈글해지면서 피부가 뱀 허물을 벗듯 허옇게 갈라지기 시작했습니다. 갈라진 피부 안쪽에서 발갛게 새살이 올라오고 있었으며, 상처가 눈에 띄게 빠르게 회복되고 있었습니다. 그러면서 자연스럽게 상처에 관한 관심도 멀어졌습니다.

수일이 지난 어느 날 갑자기 데었던 손가락이 생각나서 손가락을 눈앞에 바짝 대고 살펴보니 세 손가락이 거의 완벽하게 복원되어 있었습니다. 인체의 놀라운 회복력에 감탄을 금할 수밖에 없었습니다. 그러면서 한편으로 나의 가슴 아픈 처지를 되돌아보는 계기가 되었습니다.

하나님께서 분명히 면역력과 자연 치유력을 나에게 주셨는데 내가 얼마나 먹어서는 안 될 것을 먹고 마셔서는 안 될 것을 마셨으면 몸이 견디지 못하고 암에 걸렸을까 생각하니, 지난 삶이 너무 부끄럽고 후회가 되었습니다.

나의 심정을 대신해 줄, 이 시는 암 수술 후 병실에서 지은 시입니다.

길

입원실 창밖으로 보이는 저 길은
예전에 내가 수없이 다녔던 길입니다.
그때는 저 길을 입원실 병실에서
내려다볼 줄은 꿈에도 몰랐습니다.
지난날 저 길을 온통 세상 욕심과
정욕에 빠져서 헤맨 것을 생각하니
회개의 눈물이 길을 가립니다.

요사이 새벽녘에 눈이 떠지면 손으로 배와 온몸을 쓰다듬으면서 나의 몸에 진심으로 사과합니다.

"나의 몸과 지체들아 정말 미안하구나. 오랜 세월 동안 너희들을 괴롭힌 생각을 하니 부끄럽고 미안해서 견딜 수 없구나. 그런데도 너희들은 오랜 세월 동안 불평 한마디 하지 않고 한결같이 나를 위해 수고한 것을 생각하니 참된 희생이 무엇인지 깨닫게 되는구나. 힘들더라도 주님이 부르시는 그날까지 늘 함께하자꾸나. 정말 고맙고 미안하다. 사랑해"

그리고 하나님께 회개의 기도를 드립니다.

"하나님 아버지 감사합니다. 죽어도 몇 번은 죽었어야 할 못난 죄인을 지금까지 살려주시고, 사랑해 주셔서 다시 한번 감사를 드립니다. 제게 남은 시간을 하나님 나라 확장을 위해 쓰임 받게 해 주세요. 예수님의 이름으로 기도드립니다. 아멘."

어느 날, 기도를 마치는 순간 불현듯 머리를 스치고 지나가는 성경 말씀이 있었습니다.

> 몸은 하나인데 많은 지체가 있고 몸의 지체가 많으나 한 몸임과 같이 그리스도도 그러하니라(고전 12:12).

> 만일 한 지체가 고통을 받으면 모든 지체가 함께 고통을 받고 한 지체가 영광을 얻으면 모든 지체가 함께 즐거워하느니라 너희는 그리스도의 몸이요 지체의 각 부분이라 (고전 12:26-27).

이 말씀에 비추어 보면 내 주위 가족 친지 이웃들은 주 안에서 나와 한 몸, 한 지체임을 알 수 있습니다. 하지만, 나는 얼마나 이들을 내 몸같이 아끼고 사랑하고 보살폈는지 곰곰이 생각해 보니 부끄러운 마음밖에 들지 않았습니다. 이러고도 이들과 사이가 유지된 것은 이들의 한량없는 배려와 하나님의 은혜였음을 고백하지 않을 수 없습니다.

요사이 저는 이 글귀를 가슴에 새겨두고 시간이 날 때마다 되새기고 있습니다.

> 그런데도 리더는 온유와 긍휼과 공감과 겸손을 잃지 않는다. 리더가 사람들을 대함에 있어 원망을 품거나 불만을 쌓아두거나 모질어지면 리더다운 영향력을 잃고 만다. 멀리 가려면 함께 가야 한다. 함께 하려면 환상을 버리고 용납해야 한다. 다른 사람을 못마땅하게 생각하지 말자. 제 생각으로는 모든 분이 이 문장을 숙지해서 일상생활에 적용했으면 참 좋겠습니다. 그러긴 해도 도저히 다 숙지할 수 없다고 말씀하시는 분들은 이 한 문장만이라도 잘 기억하셔서 꾸준히 실천에 옮겨 보십시오.

인간관계가 너무나 확연하게 달라짐을 느낄 겁니다.
상대(특히, 가까운 가족, 배우자, 자녀)를 못마땅하게 생각하지 말자.

✝ **질문** 당신은 상대방을 얼마나 배려하십니까?

6. 신본주의(롬 12:1-2)

우리 그리스도인들은 민주주의도 공산주의도 아닌 신본주의입니다. 이 개념이 바로 서지 않으면 바른 신앙생활을 하기란 불가능합니다. 신앙의 첫 단추가 잘못 끼워지기 때문입니다.

민주주의는 모든 주권이 국민에게 있습니다. 모든 권력 또한 국민에게서 나옵니다. 공산주의도 이론적으로는 모든 사상이 국민의 행복에 맞춰져 있습니다. 그러나 신본주의는 다릅니다. 모든 것이 하나님의 뜻에 달려 있습니다. 하나님이 가라 하시면 가고, 오라 하시면 오는 것입니다.

> 여호와께서 아브람에게 이르시되 너는 너의 고향과 친척과 아버지의 집을 떠나 내가 네게 보여줄 땅으로 가라 내가 너로 큰 민족을 이루고 네게 복을 주어 네 이름을 창대하게 하리니 너는 복이 될지라 너를 축복하는 자에게는 내가 복을 내리고 너를 저주하는 자에게는 내가 저주하리니 땅의 모든 족속이 너로 말미암아 복을 얻을 것이라 하신지라 이에 아브람이 여호와의 말씀을 따라갔고 롯도 그와 함께 갔으며 아브람이 하란을 떠날 때에 칠십오 세였더라(창 12:1-4).

이에 어떤 투덜거림도 필요치 않습니다. 그렇다고 해서 함부로 권한을 휘두르시는 하나님은 절대로 아니십니다. 하나님께서는 우리 인간들에게 자기 생각과 의지를 관철할 수 있도록 자유의지를 주신 분이십니다. 이는 하나님께서 우리 인간들을 로봇이나 기계처럼 취급하는 것이 아니라, 소중한 인격체로 존중해 주시기 때문입니다. 그리고 하나님께서는 무엇보다 당신의 자녀들이 순종하는 삶을 살아가는 것을 기뻐하십니다.

> 사무엘이 이르되 여호와께서 번제와 다른 제사를 그의 목소리를 청종하는 것을 좋아하심같이 좋아하시겠나이까 순종이 제사보다 낫고 듣는 것이 숫양의 기름보다 나으니(삼상 15:22).

명마 판별법이 있다고 합니다. 우선 체격 조건이 뛰어나고 훈련이 잘된 말들을 선별합니다. 그리고 한동안 말들에게 먹이는 주되 물은 일절 주지 않습니다. 말들이 목이 말라 더 견딜 수 없을 때쯤 되어서야 조련사가 말들을 몰고 강가로 나갑니다. 멀리서 풍겨오는 물 냄새가 말들의 코를 자극합니다. 물 냄새를 맡은 말들이 허둥대며, 걸음이 빨라지기 시작합니다.

그때 조련사가 말들에게 물을 먹으러 가라고 명령을 내립니다. 조련사의 명령이 떨어지기가 무섭게, 말들이 물을 향해 달리기 시작합니다. 말들이 오지 물을 먹겠다는 일념으로 거의 강가에 다다랐을 때 조련사가 말들에게 돌아오라는 명령을 내립니다.

조련사의 명령에도 불구하고, 일부 말들은 물에만 온통 정신이 팔려서 조련사의 명령을 듣지 못한 채, 강에 뛰어들어 허겁지겁 물 먹기에 바쁩니다. 또 일부 말들은 조련사의 명령을 애써 외면한 채 물을 선택합니다. 그런데 놀랍게도 조금도 망설임 없이 생명과 같은 물을 포기한 채, 돌아오는 말이 있다고 합니다. 그 말을 명마라고 부릅니다.

이렇게 잘 길든 명마는 총칼이 난무하며 포탄이 떨어지는 전쟁터일지라도 결코 평정심을 잃지 않습니다. 자기 주인과 생사를 함께할 준비가 되어 있습니다. 명마의 주인도 끝까지 자기 말을 책임질 것입니다.

성도라 할지라도 세상일에 바쁩니다. 이제 조금만 더 모으면 내 집을 마련할 수 있습니다. 이제 조금만 더 노력하면 승진할 수 있습니다. 이제 얼마 지나지 않으면 학위를 취득할 수 있습니다. 성도들은 세상의 목마름에 힘껏 힘껏 달려갑니다. 그때 하나님께서 돌아오라고 부르십니다. 당황한 성도들은 대부분 이렇게 대답합니다.

"하나님 저는 하나님 앞으로 분명히 돌아갑니다.

그런데 왜 하필이면 지금입니까?

지금은 때가 아닌 것 같습니다. 제가 설정한 목표를 이룰 때까지 조금만 참고 기다려 주세요."

안타깝지만 그 대답은 불순종입니다(참고, 눅 14:15-24). 하나님이 부르실 때 바로 달려가는 성도가 순종의 종입니다.

예수님께서 공생애를 시작하셔서 갈릴리 해변을 다니시다 어부들을 제자로 부르시는 장면이 나옵니다. 그 당시 제자들의 태도는 한결같이 예수님의 부르심에 즉각 반응했습니다. 심지어, 자기 육신의 아버지를 배와 함께 버려둔 채 말입니다.

갈릴리 해변에 다니시다가 두 형제 곧 베드로라 하는 시몬과 그의 형제 안드레가 바다에 그물 던지는 것을 보시니 그들은 어부라 말씀하시되 나를 따라오라 내가 너희를 사람 낚는 어부가 되게 하리라 하시니 그들이 곧 그물을 버려두고 예수를 따르느라 거기서 더 가시다가 다른 두 형제 곧 세베대의 아들 야고보와 그의 형제 요한이 그의 아버지 세베대와 함께 배에서 그물 깁는 것을 보시고 부르시니 그들이 곧 배와 아버지를 버려두고 예수를 따르니라(마 4:18-22).

†**질문** 당신은 주님의 부르심에 언제든지 따라나설 준비가 되어 있습니까?

7. 영적 다림줄(시 119:105)

한 편의 훌륭한 격언을 소개합니다.
예전에는 가정집이나 식당, 사무실 어느 곳을 가든지 자주 눈에 띄던 격언입니다. 언제 어디서 봐도 저자의 날카로운 지적에 고개가 절로 끄덕여지는 격언입니다.
아래의 두 격언은 같은 격언인데 문장의 배열을 아래위로 바꿔 봤습니다.

① 돈을 잃으면 조금 잃는 것이요.
　명예를 잃으면 많이 잃는 것이요.
　건강을 잃으면 다 잃는 것이다.

② 명예를 잃으면 조금 잃는 것이요.
　건강을 잃으면 많이 잃는 것이요.

돈을 잃으면 다 잃는 것이다.

배열을 아래위로 바꿔놓은 두 격언을 보면서 어느 쪽 격언에 마음이 더 끌립니까?

① 항입니까?
② 항입니까?
① 항이 바르게 작성된 격언입니다.

하지만, 현실에서 보면 ② 항에 관심을 가지시는 분들이 더러 있다는 것이며 막상 삶의 행태를 보면 ② 항에 치우친 사람들이 의외로 많이 있음에 놀라지 않을 수 없습니다. 불과 십수 년 전만 해도, ② 항에 관심을 보였다면 주위의 따가운 시선을 피할 수 없었을 것입니다. 그리고 자신의 세속된 마음 상태에 가슴 아파하며 하나님께 회개의 기도를 드렸을 것입니다.

하지만, 현대인들의 사고방식은 급격히 변하고 있습니다. 모든 것이 자기중심적이며, 절대적 진리나 가치는 부인하고, 심지어는 선과 악이라는 개념조차도 부인하기에 이르렀습니다. 이런 사고방식에 사로잡힌 사람이 경영자가 되면 심각한 문제를 일으킵니다. 노동 착취, 탈세, 정경유착 등 어떤 추악한 일을 저질러도 양심의 가책은커녕 자기변명, 자기 합리화로 일관합니다.

더욱 불행한 일은 이런 부류의 사람이 국가 지도자가 되면 자신의 유익을 위해서라면 나라를 송두리째 거덜 내어도, 눈도 끔쩍하지 않는 무서운 괴물로 변합니다. 종교 지도자들 가운데도 이런 사상에 물든 지도자들이 많이 있습니다. 이들의 신앙관을 보면 어느 길을 가든지 정상에만 가면 되므로 모든 종교는 하나이며, 어디에든 예수님이 존재하므로 종교 간의 대화와 교류를 통하여 함께 가야 한다고 주장합니다. 이런 주장은 하나님의 말씀과는 정면으로 위배되는 주장입니다.

> 예수께서 이르시되 내가 곧 길이요 진리요 생명이니 나로 말미암지 않고는 아버지께로 올 자가 없느니라(요 14:6).

> 다른 이로써는 구원을 받을 수 없나니 천하 사람 중에 구원을 받을 만한 다른 이름을 우리에게 주신 일이 없음이라 하였더라(행 4:12).

외적으로 나타나는 이런 현상들은 내적인 자기의 중심을 말씀으로 바로 세우지 않았기 때문입니다. 이런 사람들의 특징은 확고한 자기중심이 바로 서 있지 않으므로 세상 여론에 따라 이리저리 흔들리게 됩니다. 그러다 보니 거짓말을 밥 먹듯 하게 되며, 결국에는 거짓말의 개념조차 상실해 버립니다.

튼튼하고 안전한 집을 건축하기 위해서는 무엇보다 중심을 잡아주는 다림줄이 필요합니다. 이처럼 인생이라는 무형의 건물을 건축해 가려면 영적 다림줄이 절대적으로 필요합니다.

성도 여러분!

오직, 하나님의 말씀만이 우리를 요동치지 않는 바른길로 인도하는 영적 다림줄임을 꼭 기억하십시오.

> 주의 말씀은 내 발에 등이요 내 길에 빛이니이다(시 119:105).

†질문 당신은 얼마나 자주 하나님의 말씀을 묵상하십니까?

8. 행복의 본질 (시 62:1-2)

　인간은 누구나 행복을 추구하려는 욕구와 의지가 있습니다. 그런데 행복을 추구하는 의미나 방법이 남녀 간 다소의 차이가 있습니다. 그 차이는 하나님이 남녀 간에 심어놓은 본질이 다르기 때문입니다.
　그러면 남성과 여성의 행복의 본질은 무엇일까요?
　이들의 행복 주파수는 어디에 맞추어져 있을까요?
　먼저 여성부터 살펴보겠습니다.
　여성의 진정한 행복은 자신의 일상의 삶 속에서 한 남자를 깊이 사랑하고 잘 내조하며, 자녀들에게는 좋은 엄마가 되는 것입니다. 자신이 가꾸어 가는 화목한 가정을 바라보며 느끼는 뿌듯함은 세상 어떤 것으로도, 대체할 수 없습니다. 이럴 때 느끼는 행복이 참된 행복입니다.
　그런데 행복의 참된 의미와 본질을 깨닫지 못하거나 (어릴 적부터 교육이 무척 중요함) 환경이나 여건이 주어지지 않았을 때 이를 대체하기 위해, 다른 방법으로 자기 행복을 추구하게 됩니다(쇼핑 중독, 알코올중독, 일중독, 지나친 동물 사랑, 섹스 중독, 마약 중독, 배우자나 자녀에 대한 지나친 집착 등). 중독은 결핍의 다른 표현입니다. 이런 것들은 모두 가짜 행복에 불과합니다. 이런 가짜 행복의 특징은 아무리 그것들을 누리고 취해 봐도 결코 만족함이 없습니다. 오히려 만족을 채우기 위해 수위만 점점 올리게 됩니다.
　그러므로 자신의 생활이나 환경에 감사가 없거나, 만족하지 못하고, 늘 새로운 것을 찾아 헤매고 있다면 잘못된 길을 가고 있음을 깨달아야 합니다. 지금의 세상이, 잘 포장된 가짜 행복으로 우리를 속이고 있을 뿐입니다. 혹여 어떤 분들 가운데 '지금 세상이 어느 세상인데 이런 구시대적인 가정 얘기를 하고 있느냐'며 반박하실 분들도 계실지 모르겠습니다.

그러면 죄송하지만, 세상이 많이 변했다고 배가 고픈데 밥을 먹지 않고 살 수 있습니까?
잠은요?
남녀 간의 사랑은요?

또 한 가지 부인이 남편을 내조하고 자녀를 양육한다고 해서 자신을 돌보지 말라는 말씀은 절대 아닙니다. 가정을 돌본 후에도, 얼마든지 자신을 가꿀 수 있습니다. 전업주부든 직장 여성이든 말입니다. 그리고 다시 한번 말씀드립니다. 여성의 참된 행복은 하나님께서 맡겨준 가정을 잘 돌보며 지켜 가는 것입니다.

계속해서 남성의 참된 행복은 어디서 찾을 수 있는지 알아보겠습니다.

남성의 행복의 본질을 알려면 먼저 남성의 기본 욕망부터 알 필요가 있습니다. 남성의 기본 욕망은 경쟁심, 성취욕, 정복욕입니다. 이런 남성의 욕망을 현실에 대입해 보면 남성은 꿈과 야망을 품고 그 꿈을 향해 호연지기 한 마음가짐으로 하나하나 이루어 갈 때 삶의 진정한 행복을 느끼게 됩니다. 여기에 아내의 내조가 더해지면 더욱더 큰 힘을 발휘하게 됩니다. 하지만, 안타깝게도 인간에게는 영원함이나 완벽이란 존재하지 않습니다. 자의든 타의든 이런 꿈들이 산산조각이 날 때가 있습니다.

그토록 믿었던 주위 사람들의 배신을 경험할 수 있으며, 사고나 질병이 호시탐탐 우리를 노리고 있습니다. 자녀 문제도 예외일 수 없습니다. 따져 보면 우리 인간들이 누리는 행복은 잠시 잠깐 맛보는 유한한 것입니다.

현실에서 보면 돈, 명예, 외모 등이 능력으로 보이지만, 죽음 앞에 서면 아무것도 아님을 알 수 있습니다. 이런 일들을 빨리 깨닫는 사람이 현명한 사람이요, 지혜로운 사람입니다. 그렇다 보니 이렇게 위험스럽고, 변화무쌍한 세상 속에 살면서 현실뿐만 아니라, 다음 세상까지도 믿고 맡길 대상이 필요함을 절실히 느끼게 됩니다.

그런 대상이 과연 존재할까요?

그 대상이 바로 세상 만물을 지으시고 다스리시는 하나님 아버지십니다. 하나님은 끝까지 약속을 지키시며 변함이 없으신 분이십니다.

> 온갖 좋은 은사와 온전한 선물이 다 위로부터 빛들의 아버지께로부터 내려오나니 그는 변함도 없으시고 회전하는 그림자도 없으시니라 (약 1:7).

하나님은 자기의 아들 예수 그리스도의 십자가를 통하여 우리를 죽음 저편까지도 책임질 수 있는 유일한 분이십니다. 이분께 모든 것을 맡겨도 절대로 후회하지 않습니다. 그렇다고 해서 사명 없이 세상일이나 가정을 팽개친 채, 하나님께만 매달리라는 것은 절대 아닙니다.

이 세상에 살 동안 하나님의 보호하심 가운데 자신에게 맡겨진 일과 가정을 열심히 돌보며 살아야 합니다. 복 중의 복은 내가 사는 나라가 평안한 것입니다. 나라가 없으면 가정도 존재할 수 없습니다. 예수님의 제자 사도 바울도 나라와 지도자를 위해 늘 기도하라고 가르쳤습니다.

> 그러므로 내가 첫째로 권하노니 모든 사람을 위하여 간구와 기도와 도고와 감사를 하되 임금들과 높은 지위에 있는 모든 사람을 위하여 하라 이는 우리가 모든 경건과 단정함으로 고요하고 평안한 생활을 하려 함이라 (딤전 2:1-2).

지금까지의 말씀을 요약하면 이 땅에 살 동안은 열심을 다해 가정과 공동체를 지키고 섬겨야 합니다. 하지만, 현실에 너무 집착하지 말고 영원한 본향인 하늘나라에 진정한 소망을 두라는 것입니다. 이 소망을 이루는 첫걸음은 내가 죄인임을 깊이 인식하고, 철저한 회개가 동반되어야 합니다. 우리들의 영원한 행복은 누구에게 나를 맡기는가에 달려 있습니다.

여기서 맡긴다는 것은 나 자신을 바라보지 말고, 나의 약함에도 신경 쓰지 말며 오직 하나님의 능력을 전적으로 의지해야 함을 말합니다.

신앙의 승리는 무엇을 하는가가 아니라 누구를 의지하는가에 달려 있습니다.

이 격언을 명심하고 또 명심하십시오.

†질문 당신은 하나님께 당신의 모든 것을 맡겼습니까?

9. 영 분별력 (마 24:3-5)

> 그 때에 사람이 너희에게 말하되 보라 그리스도가 여기 있다 혹은 저기 있다고 하여도 믿지 말라 거짓 그리스도들과 거짓 선지자들이 일어나 큰 표적과 기사를 보여 할 수만 있으면 택하신 자들도 미혹하리라 (마 24:23-24).

공연과 경연이 다르듯 운동과 싸움은 엄연히 다릅니다. 운동은 룰이 있지만 싸움은 룰이 없습니다. 그리스도인과 사탄과 싸움은 영적인 전쟁입니다. 전쟁에서 지면 적군의 포로가 되거나 목숨을 잃습니다. 사탄은 어떠한 자비나 동정심도 없습니다. 이들은 오직 하나님의 자녀들을 넘어뜨리는 일에 사활을 걸고 있습니다. 사탄은 이 일을 위해서는 어떤 짓도 서슴지 않습니다. 이들에게 설마라는 단어는 존재하지 않습니다.

또한, 이들은 제 뜻을 이루기 위해 자신을 광명의 천사로 가상하거나 양의 탈을 쓰고 접근하기도 하며 예수님처럼 큰 능력을 행하며 우리를 미혹합니다. 인간의 눈으로 볼 때 누가 참 그리스도인인지 누가 사탄의 하수인인지 구별할 수 없습니다.

오히려 사탄의 하수인이 더 은혜롭고 진짜같이 보이기도 합니다. 사탄의 하수인은 세상 어디에든 존재합니다(정치인, 종교인, 학자, 예술인 등). 요사이 보면 이단들이 드러내 놓고 공공연하게 그리스도인들을 유혹합니다.

사실은 눈에 보이는 이단보다 은밀히 진행되고 있는 사탄의 흉계는 실로 가공할 만합니다(TV, 인터넷, 인권을 가장한 탈선, 언어 조작, 포스트모더니즘, 종교 다원주의 등). 이 악한 영들의 실체를 밝힐 수 있는 유일한 방법은 진리의 영이신 성령님께서 이들을 성령으로 조명할 때 이들의 사악한 실체가 드러나게 됩니다.

일설에 의하면 위폐를 가려내는 위폐 전문가들은 평소에 항상 진폐를 쥐고 생활한다고 합니다. 그러다 위폐를 만지게 되면 느낌으로 단번에 위폐를 가려낸다고 합니다. 영 분별력도 이와 유사합니다. 먼저 회개의 기도로 죄악 된 마음을 깨끗이 비우고 늘 말씀을 읽고 묵상하며 말씀 안에서 깨어 기도할 때 성령님께서 영분별의 은사를 물 붓듯이 부어 주십니다. 그럴 때 유혹이나 미혹이 다가오면 단번에 알아차리고 물리칠 수 있습니다.

저 같은 경우, 신앙 서적을 읽을 때 많이 알려지고 여러 사람에게 인정받은 서적이라 할지라도 하나님 보시기에 합당치 않으면 제가 서적을 읽는 가운데 갑자기 마음이 불안해지며 성령님이 나에게서 떠난 듯한 공허한 느낌을 받게 하십니다. 이럴 때 서적을 내려놓고 조용히 하나님께 이유를 여쭤보면 하나님께서 서적의 잘못된 부분을 지적해 주십니다.

그러면 기도하면서 하나님의 뜻에 따라 문제를 해결하고 나면 그 순간, 마음 깊숙한 곳에서 다시 평안함이 물밀듯 일어남을 느낍니다.

끝으로 너희가 주 안에서와 그 힘의 능력으로 강건하여지고(엡 6:10).

†**질문** 당신은 영 분별력의 은사를 받았습니까?

10. 그리스도인의 영적 전투력 (벧전 5:8-9)

군대의 전투력은 후방의 든든한 지원과 잘 훈련된 병사와 성능 좋은 무기에서 나옵니다.

그렇다면 날마다 가공할 만한 영적 전쟁을 치러야 할 그리스도인의 영적 전투력은 어디서 공급받아야 할까요?

그것은 하나님의 은혜와 성령님의 도우심으로만 가능한 일입니다. 은혜는 하나님께서 우리에게 값없이 주시는 선물입니다.

> 너희는 그 은혜에 의하여 믿음으로 말미암아 구원을 받았으니 이것은 너희에게서 난 것이 아니요 하나님의 선물이라 (엡 2:8).

하지만, 아무리 은혜가 차고 넘쳐도 나의 것으로 만들지 않으면 소용이 없습니다. 구슬이 서 말이어도 꿰어야 보물이듯, 은혜를 받아 누릴 준비가 필요합니다.

어떻게 하면 하나님이 주시는 은혜를 받아 누릴 수 있을까요?

첫째, 믿음입니다. 그리스도인의 믿음의 개념은 하나님을 믿고, 의지하며 전적으로 신뢰하는 것입니다. 이 믿음은 하나님의 은혜로 말미암아 인간을 구원하신 예수 그리스도를 믿는 신앙에서 시작되어야 합니다.

> 율법은 모세로 말미암아 주어진 것이요 은혜와 진리는 예수 그리스도로 말미암아 온 것이라 (요 1:17).

참된 믿음은 영적 생명을 유지해 줍니다.

보라 그의 마음은 교만하여 그 속에서 정직하지 못하나 의인은 그의 믿음으로 말미암아 살리라(합 2:4).

그리고 믿음은 구원의 조건이기도 합니다.

이르되 주 예수를 믿으라 그리하면 너와 네 집이 구원을 받으리라 하고(행 16:31).

믿음은 비록 눈에 보이지 않고, 아직 성취되지 않았다고 할지라도 꼭 이루어질 것이라고 확신하는 것입니다.

믿음은 바라는 것들의 실상이요 보이지 않는 것들의 증거니(히 11:1).

또 다른 한 편으로, 믿음은 순종이 요구됩니다. 하나님이 주시는 은혜를 확신할 수 없으면 올바른 순종은 있을 수 없습니다. 이 순종의 길을 가장 잘 걸어가신 분이 예수님이십니다.

이르시되 아버지여 만일 아버지의 뜻이거든 이 잔을 내게서 옮기시옵소서 그러나 내 원대로 마시옵고 아버지의 원대로 되기를 원하나이다 하시니(눅 22:42).

둘째, 영적 전투력을 공급받는 방법은 성령님의 도우심입니다. 성령님은 삼위일체의 제 삼위이십니다. 성령님은 하나님의 영이십니다.

예수께서 세례를 받으시고 곧 물에서 올라오실 새 하늘이 열리고 하나님의 성령이 비둘기같이 내려 자기 위에 임하심을 보시더니(마 3:16).

그리고 예수님의 영이시기도 합니다.

> 이것이 너희의 간구와 예수 그리스도의 성령의 도우심으로 나를 구원에 이르게 할 줄 아는 고로(빌 1:19).

성령님은 하나님이 보내주신 보혜사인 동시에 예수님이 보내 주신 보혜사이시기도 합니다.

> 내가 아버지께로부터 너희에게 보낼 보혜사 곧 아버지께로부터 나오시는 진리의 성령이 오실 때에 그가 나를 증언하실 것이요(요 15:26).

이것이 기독교의 신비이며, 삼위일체 하나님을 증명하는 것입니다. 또한, 성령님은 모든 일을 자기 뜻대로 하지 않으시고 하나님의 뜻을 전하는 가교 역할을 하시는 분이십니다.

> 그러나 진리의 성령이 오시면 그가 너희를 모든 진리 가운데로 인도하시리니 그가 스스로 말하지 않고 오직 들은 것을 말하며 장래 일을 너희에게 알리시리라(요 16:13).

이것이 끝이 아니며, 성령님이 하시는 일은 매우 다양합니다. 그중의 가장 중요한 역할은 예수님을 증거하는 일입니다. 즉, 복음 증거입니다.

> 오직 성령이 너희에게 임하시면 너희가 권능을 받고 예루살렘과 온 유대와 사마리아와 땅끝까지 이르러 내 증인이 되리라 하시니라(행 1:8).

이 외에도 성령님이 하시는 중요한 일은 우리에게 모든 것을 가르치시고 말씀이 생각나게 하시고 깨닫게 하십니다.

보혜사 곧 아버지께서 내 이름으로 보내실 성령 그가 너희에게 모든 것을 가르치고 내가 너희에게 말한 모든 것을 생각나게 하리라(요 14:26).

그리고 성령님은 장래 일을 알려주십니다(요 16:13; 참고, 왕하 8:13). 이 모든 전투력을 공급받기 위해서는 그리스도인의 삶이 말씀과 기도로 시작되어야 하며 회개의 기도가 무엇보다 우선되어야 합니다.

이때부터 예수께서 비로서 전파하여 이르시되 회개하라 천국이 가까이 왔느니라 하시더라(마 4:17).

† 질문 당신은 하나님의 전사입니까? 아니면 사탄의 포로입니까?

11. 탐심(골 3:5)

노래를 부르는 가수든 운동하는 선수든 이들에게 하는 한결같은 주문은 몸에 힘을 빼라는 것입니다. 몸에 힘이 들어가는 대부분 이유는 더 잘해 보려는 욕심이 앞서서 잔뜩 긴장하기 때문입니다.
시합은 연습같이 연습은 시합같이라는 말이 공연히 생겼겠습니까?
올바른 성도의 삶을 살려면 마음의 힘인 탐심을 버려야 합니다. 사도 바울은 부당한 욕심인 탐심을 우상숭배라고 정의했습니다.

그러므로 땅에 있는 지체를 죽이라 곧 음란과 부정과 사욕과 악한 정욕과 탐심이니 탐심은 우상숭배니라(골 3:5).

탐심은 조물주인 하나님보다 피조물에 더 관심을 가지는 것으로 물질이 그들의 하나님이 되고, 그들은 재물의 종이 되어 결국은 파국을 맞는 비극을 초래하게 됩니다. 현실의 우리는 물질 만능주의 세상을 살아가고 있습니다. 물질로 인한 가족 간의 법정 다툼은 이제 더 이상 남의 일만이 아니게 되었으며 물질로 인한 사건 사고는 하루에도 수없이 일어나고 있습니다.

이런 사실을 잘 알고 있는 사탄은 예나 지금이나 변함없이 탐심을 조장하여 우리를 유혹합니다. 인류의 조상인 아담과 하와도 이 유혹의 대상이 되었으며 심지어 예수님께서도 이 유혹에서 벗어날 수 없었습니다(참고, 마 4:1-11). 수많은 그리스도인이 이 유혹 앞에 무릎을 꿇었으며 지금도 무릎 꿇는 소리가 여기저기서 들리는 듯합니다.

> 돈을 사랑함이 일만 악의 뿌리가 되나니 이것을 탐내는 자들은 미혹을 받아 믿음에서 떠나 많은 근심으로써 자기를 찔렀도다(딤전 6:10).

> 오직 각 사람이 시험을 받는 것은 자기 욕심에 끌려 미혹됨이니 욕심이 잉태한즉 죄를 낳고 죄가 장성한즉 사망을 낳느니라(약 1:14-15).

사도 바울이 성도들에게 조언하길 가난한 자들은 부한 자들을 부러워하지 말며 먹을 것과 입을 것이 있으면 족한 줄 알라고 하였으며 부한 자들에게는 영원하지 못할 재물에 마음을 빼앗기지 말고, 영원한 소망인 하나님께 마음을 두며, 선한 일을 많이 하여 장래에 자기를 위하여 하늘에 좋은 터를 닦아 두라고 했습니다. 우리 성도들은 두 주인을 섬길 수 없습니다.

> 한 사람이 두 주인을 섬기지 못할 것이니 혹 이를 미워하고 저를 사랑하거나 혹 이를 중히 여기고 저를 경히 여김이라 너희가 하나님과 재물을 겸하여 섬기지 못하느니라 (마 6:24).

이를 벗어나면 하나님께 죄를 짓는 것입니다. 고여 있는 물이 썩듯이 물질을 많이 모아 두기만 하면 마음이 부패해집니다. 마음이 부패해지면 다른 사람의 아픔을 모르거나 외면하게 되며 자신의 욕심에 취해 이들의 신음조차 들리지 않게 됩니다. 그리고 마지막에는 영원하지 못할 물질에, 자신의 모든 것을 송두리째 맡기는 물질의 종이 되고 맙니다. 물질의 종이 되면 하나님을 뵐 수 없습니다.

이같이 무서운 물질의 종에서 벗어날 수 있는 유일한 방법은 자신의 죄악된 욕심을 하나님 앞에, 온전히 내려놓는 깊은 회개의 시간이 필요합니다. 그리고 자신의 물질을 가난한 사람들에게 나누어 주는 것입니다.

> 하나님이 능히 모든 은혜를 너희에게 넘치게 하시나니 이는 너희로 모든 일에 항상 모든 것이 넉넉하여 모든 착한 일을 넘치게 하게 하려 하심이라. 기록된바 그가 흩어 가난한 자들에게 주었으니 그의 의가 영원토록 있느니라 함과 같으니라 (고후 9:8-9).

> 선한 눈을 가진 자는 복을 받으리니 이는 양식을 가난한 자에게 줌이니라 (잠 22:9).

그리고 다시는 죄악 된 길로 가지 않기 위해, 철저한 예방이 필요합니다. 아니면 이 예방법을 잘 활용하여, 처음부터 물질의 종이 되지 않는 것이 더 지혜로운 방법입니다. 물질의 종이 되는 것을 예방하는 방법은 하나님의 말씀과 기도로 자신의 욕심을 잠재우며 지나친 경쟁심을 자제하는 것입니다. 지나친 경쟁심은 이성과 양심을 마비시킵니다. 많은 죄악의 뿌리는 지나친 경쟁심에서부터 시작되며, 이 경쟁심은 질투라는 줄기를 타고 성숙해서 마지막에는 멸망이라는 무서운 열매를 맺게 됩니다.

> 예술인이 돈맛을 알면 예술이 기술로 바뀐다.
> 의사가 돈맛을 알면 의술이 상술로 바뀐다.
> 스승이 돈맛을 알면 고매가 우매로 바뀐다.
> 성도가 돈맛을 알면 좁은 길이 넓은 길로 바뀐다.
> 깡패가 돈맛을 알면 야성이 야비로 바뀐다.

† **질문** 당신은 누구의 종입니까?

12. 진리를 알자(요 8:32)

"거꾸로 매달아 놓아도 국방부 시계는 돌아간다."라는 말이 있습니다. 이 말의 의미는 군대 생활이 아무리 고되고 힘들다고 할지라도 제대한다는 희망이 있기에 참고 견딜 수 있다는 뜻입니다.

서슬이 시퍼렇던 로마제국 시절에 수많은 그리스도인이 로마 원형경기장에서 예수를 믿는다는 이유로 인해, 갖은 잔인한 방법으로 죽임을 당했습니다. 그런 가운데 유일하게 경기장 밖으로 나갈 수 있는 철창문 앞에는 언제나 화려한 황금마차가 대기하고 있었다고 합니다. 이 황금마차의 용도는 죽음이 두려워, 경기장 밖으로 나가고 싶어 하는 그리스도인들을 유혹하는 도구였습니다.

누구든지 이 마차를 타기만 하면 많은 상금과 함께 집으로 데려다준다는 것이었습니다. 하지만, 오랜 세월 동안 수많은 그리스도인이 고통 속에 죽어갔지만, 단 한 사람도 유혹의 황금마차를 타고 집으로 돌아간 그리스도인은 없었다고 합니다. 성경은 이런 사람들을 두고 세상이 감당하지 못한다고 소개하고 있습니다.

> 여자들은 자기의 죽은 자들을 부활로 받아들이기도 하며 또 어떤 이들은 더 좋은 부활을 얻고자 하여 심한 고문을 받되 구차히 풀려나기를 원하지 아니하였으며 또 어떤 이들은 조롱과 채찍질뿐 아니라 결박과 옥에 갇히는 시련도 받았으며 돌로 치는 것과 톱으로 켜는 것과 시험과 칼로 죽임을 당하고 양과 염소의 가죽을 입고 유리하여 궁핍과 환난과 학대를 받았으니 (이런 사람은 세상이 감당하지 못하느니라) 그들이 광야와 산과 동굴과 토굴에 유리하였느니라 (히 11:35-38).

이처럼 현실이 아무리 힘들어도, 다음 세상에서 행복하게 살 수 있다는 확실한 보장만 주어진다면 지금 당하는 고난은 능히 견딜 수 있을 것입니다. 많은 사람이 현실에 대한 불만과 죽음에 대한 공포, 그리고 죽음 이후의 문제로 고민해 왔습니다.

그런데 성경에서는 이런 문제를 제대로 해결하려면 진리를 바로 알아야 한다고 말씀합니다. 여기서 성경이 말하는 진리란, 인간의 힘으로는 도저히 풀 수 없는 문제들이 예수님을 만나면 깨끗이 해결된다는 말씀입니다. 예수님이 곧 진리이시기 때문입니다.

> 예수께서 이르시되 내가 곧 진리요 생명이니 나로 말미암지 않고는 아버지께로 올 자가 없느니라 (요 14:6).

결혼의 예를 들어 보겠습니다. 자신이 결혼하기 전에는 세상의 모든 미혼 이성과 만남의 길이 활짝 열려있습니다. 그러나 결혼 후에는, 이들과 만남이 더 이상 자유로울 수 없습니다. 반면에, 배우자로 인하여 여러 사람에게 분산되는 생각을 막아주어 마음에 평안과 자유를 누리게 됩니다. 신앙생활도 마찬가지입니다. 진리이신 예수님께 붙들려지면 세상의 쓸데 없는 모든 욕망으로부터 자유로워집니다.

그런데도 결혼생활 중에도 다른 이성에게 눈길을 빼앗기거나 신앙생활 가운데서도 여전히 세상일이 우선되며 마음에 평안함이 없다면 자신에게 문제가 있음을 알아야 합니다. 이럴 때 빨리 하나님이 나에게 맡겨주신 사명을 깨닫고 하나님의 형상을 회복하기 위해 힘껏 부르짖어 기도해야 합니다. 이것이 회개입니다.

그리고 진리를 찾아가는 길이기도 합니다. 진리의 완성은 하루아침에 갑자기 이루어지는 것이 아니라, 끊임없는 시험과 좌절을 통하여 성숙해 가는 그리스도인의 성화 과정입니다. 성화의 과정에서 중요한 것은 우리들이 바라보는 곳, 가는 길이 어느 방향인가 하는 것입니다. 그 방향을 제시해 주는 영적 나침반이 성경 말씀입니다. 이 말씀을 의지하여 기도하면서 하나님의 뜻을 좇아, 묵묵히 그 길을 걸어가는 것이 성도의 길입니다. 이 길이 진리의 길이며 우리를 자유롭게 합니다.

> 진리를 알지니 진리가 너희를 자유롭게 하리라(요 8:32).

† **질문** 당신은 이 길을 걷고 있습니까?

13. 충성 (고전 4:2)

아무리 성능이 뛰어난 청소기라 할지라도, 스스로 자신을 청소할 수 없습니다. 담배가 폐암의 최고 원인이라고 밝혀낸 의사도 자신이 담배로 인하여 폐암에 걸렸습니다. 다른 사람에게는 금주를 외치면서 자신은 정작 술의 유혹을 뿌리치지 못해서 간암에 걸려 목숨을 잃는 간암 전문의도 있습니다.

지도자나 가르치는 이들이 항상 자신을 점검하지 않고, 자칫 방심하면 이런 함정에 빠질 수 있습니다. 또한, 이런 일들은 자신에게 맡겨진 사명을 게을리했을 때 일어나기도 합니다. 믿음의 선진인 사도 바울은 자신을 두고 이렇게 고백했습니다.

> 내가 내 몸을 쳐 복종하게 함은 내가 남에게 전파한 후에 자신이 도리어 버림을 당할까 두려워함이로다(고전 9:27).

우리는 우리 자신이 믿음의 자리에 바로 서 있는지, 믿음의 바른길을 걷고 있는지 늘 자신을 주의 깊게 돌아보고 살펴보아야 합니다. 이해를 돕기 위해 아래의 도표를 통해 살펴보겠습니다.

	그리스도인		간첩
충성	하나님	충성	인간 지도자
전도	하나님 나라(복음)	전도	사상과 이념
행동	전도, 하나님 나라 확장, 구제 등	행동	반미활동, 국가보안법 철폐, 국가정보원 해체 등
이웃	내 몸과 같이 사랑함	이웃	당을 위하여 이용함

간첩은 평상시에는 그의 충성심을 알 수 없습니다. 그러나 체포되었을 때 그의 충성심이 드러납니다. 그리스도인도 평화 시에는 그의 믿음을 판단하기가 쉽지 않습니다. 그러나 환난이 닥쳤을 때 그의 믿음이 여실히 드러나게 됩니다.

> 우리가 하나님을 사랑하는지 그렇지 않은지를 즉각적으로 판단할 수 있는 가장 훌륭한 방법의 하나는 역경에 대한 우리의 마음이다.
>
> -로이드 존스

유의해서 보면 간첩은 끊임없이 자신의 나라를 찬양하며 사람들을 포섭하려고 온갖 정성을 다 기울입니다.

그런데 그리스도인이라고 자부하면서 하나님 나라를 위해서는 아무 일도 하지 않는다면 어떻게 그를 구원받은 그리스도인이라고 말할 수 있겠습니까?

간첩으로 침투한 자가 본국으로부터 보내오는 공작금으로 자신을 위해 흥청망청 쓰고 즐기다, 자신의 나라로 돌아갔을 때 과연 그의 운명은 어떻게 되겠습니까?

> 한 번 죽는 것은 사람에게 정해진 것이요 그 후에는 심판이 있으리니(히 9:27).

우리가 생을 다 마치고 하나님의 심판대 앞에 섰을 때 하나님께서 세 가지 질문을 하실 것입니다.

첫째, 내가 맡긴 시간으로 무엇을 했는가?
둘째, 내가 맡긴 물질로 무엇을 했는가?
셋째, 네 이웃에게 (자녀 포함) 무엇을 했는가? (참고, 다음 장)

우리는 하나님의 이 질문에 분명하게 답해야 할 것입니다. 하나님이 주신 귀한 시간과 물질을 내 멋대로 허비하고, 세상의 아픔이 나와는 상관없다고 (알고도) 모르는 체한다면 예수님도 하늘나라에서 나를 도무지 모른다고 고개를 돌리실 것입니다.

> 누구든지 사람 앞에서 나를 시인하면 나도 하늘에 계신 내 아버지 앞에서 그를 시인할 것이요 누구든지 사람 앞에서 나를 부인하면 나도 하늘에 계신 내 아버지 앞에서 그를 부인하리라(마 10:32-33).

† 질문 당신은 예수님을 위하여 당신이 현재 누리고 있는 기득권을 다 내려놓을 수 있습니까?

14. 성령 모독죄(마 12:31-32)

안식일 날, 귀신 들려 눈멀고 말 못 하는 사람을 예수님께 데려와 병 고침을 원하는 이들이 있었습니다. 이에 예수님께서 흔쾌히 이들의 뜻을 받아들여 병을 고쳐주셨습니다. 고침을 받은 사람이 말하며 보게 되자, 주위의 많은 사람이 다 놀라며 수군거렸습니다.
"예수님이 메시아가 아니냐?"
이들의 말을 들은 바리새인들이 비웃으며 예수님이 메시아는커녕, 귀신의 왕 바알세불의 힘을 입어 귀신을 쫓아낸다며 예수님이 행하시는 성령의 능력을 폄훼했습니다. 이들의 의도를 잘 아시는 예수님께서 이들에게 반문하셨습니다.
"자기들끼리 싸우는 나라는 속히 망할 것이며, 동네나 가정도 이와 같을진데 이런 일을 누구보다 잘 알고 있는 사탄이 왜 자기들끼리 싸우겠느냐?"
그리고 이와 같은 말씀으로 바리새인들의 코를 납작하게 만드셨습니다.
"너희들 가운데도 귀신을 쫓아내는 자들이 있다고 들었는데, 너희들 주장처럼 내가 귀신의 왕 바알세불의 힘을 입어 귀신을 쫓아낸다면 너희는 도대체 누구의 힘을 입어 귀신을 쫓아내느냐?
이 일에 대해서 너희가 나를 판단한 것 같이, 너희의 간악한 속셈을 이 백성이 판단할 것이다."
그리고 모인 모든 무리에게 말씀하시길, 이미 성령의 시대가 시작되었음을 암시하셨습니다.

> 그러나 내가 하나님의 성령을 힘입어 귀신을 쫓아내는 것이면 하나님의 나라가 이미 너희에게 임하였느니라(마 12:28).

계속해서 예수님께서 이들에게 말씀하셨습니다.

"사람에 관한 모든 죄와 모독은 용서받을 수 있지만, 성령을 모독하는 죄는 용서 받지 못하며, 말로 나를 거역하면 용서받을 수 있지만, 말로 성령을 거역하면 이 세상과 오는 세상에서도 용서받지 못한다."

그리고 다시 바리새인들을 심하게 책망하셨습니다.

"너희들은 하나님의 선하심을 경험하면 선하다고 인정하진 못할망정 왜 아니라고 부인하느냐?

하기야 사탄의 자식인 너희들이 어떻게 선한 말을 할 수 있겠느냐?

마음에 가득 담긴 것이 입으로 나올진대, 악으로 가득 담긴 너희 마음에서 어떻게 선한 것을 기대할 수 있겠느냐?"

"심판 날에 너희들이 한 말에 대해서 너희들이 분명히 책임져야 한다."

그러면 예수님이 책망하신 이들이 책임져야 할 말은 어떤 말일까요?

이 말을 한 단어로 정의한다면 이 말은 하나님의 성령 역사를 부인하는 것이며, 더 나아가 예수님이 메시아 되심을 부인하는 것이기도 합니다(참고, 눅 12:8-10). 부인은 현재 자신이 누리고 있는 기득권이나 자존심을 내려놓고 싶지 않을 때, 죄인인 자신의 상태를 인정하고 싶지 않을 때 주로 하는 행위입니다.

이런 악한 생각을 하는 자들을 어떻게 하나님께서 용서하실 수 있겠습니까?

예를 들어 보겠습니다.

한 학교에 전교 1등을 늘 도맡아 놓고 하는 학생이 있었습니다. 그는 주위에서 누구나 인정해 주는 학교의 자랑이었습니다. 그 역시, 자신에 대한 자부심이 대단했으며 자신과 다른 사람들을 실망하게 하지 않으려고 열심히 해 공부했습니다. 그러던 어느 날, 그가 다니는 학교에 한 명의 전학생이 왔습니다. 처음에는 모두가 그를 눈여겨보지 않았습니다.
　하지만, 시험을 치른 후부터 문제는 달라졌습니다. 놀랍게도 전학해 온 학생이 전교 1등을 한 것입니다. 학교 전체가 발칵 뒤집혔으며 모두가 믿을 수 없다며 벌어진 입을 다물지 못했습니다. 그러자 일등을 빼앗긴 학생이 펄쩍펄쩍 뛰면서 현실을 받아들이지 않았습니다. 이유는 자신이 몸이 좋지 않아서 시험을 제대로 치르지 못했다는 것이었습니다. 주위에서도 그의 말을 믿고 수긍하는 여론이 높았습니다.
　얼마 지나지 않아, 이 학생은 두 번째 시험을 치렀으며 결과는 변하지 않았습니다. 이제 주위의 여론도 더 이상 그의 편이 아니었습니다. 그런데도 그는 여전히 상대의 실력을 인정하려 하지 않고, 일관되게 부인했습니다. 이어서 세 번째 시험 날짜가 다가오자 심한 압박감에 시달리던 그는 절대 해서는 안 될 극단적인 방법을 선택하고 말았습니다. 이런 비극적인 일들은 비단 학교뿐만 아니라, 사회 전반에 걸쳐 일어나고 있는 안타까운 현실입니다.
　그리스도인들 가운데도 입으로는 주님을 시인하면서, 행위로는 주님을 부인하는 그리스도인들이 얼마든지 있습니다. 인정하지 않으면 그 대가는 고스란히 자신에게 돌아옵니다. 인정은 용서만큼 중요합니다.

　　　나더러 주여 주여 하는 자마다 다 천국에 들어갈 것이 아니요 다만 하늘에 계신 내 아
　　　버지의 뜻대로 행하는 자라야 들어가리라 (마 7:21).

예수님께서 이 점을 제자들과 모인 무리에게 깨우쳐 주고 싶어 하셨던 것입니다. 지금까지 살펴본 여러 상황을 단순한 교훈이나 깨달아 알고 동의하는 것으로 만족해서는 절대로 안 됩니다. 우리는 일상에서 나 자신이 얼마나 말씀 앞에 겸손하며 말씀대로 살아가고 있는지 꼼꼼히 따져봐야 합니다.

그리고 자신이 말씀 앞에 섰을 때 자신의 심령이 어떻게 반응하는지도 유심히 살펴보십시오. 말씀이 "아멘"으로 받아들여지는지 아니면 거부 반응을 보이는지 말입니다.

> 너희는 믿음 안에 있는가 너희 자신을 시험하고 너희 자신을 확증하라 예수 그리스도께서 너희 안에 계신 줄을 너희가 스스로 알지 못하느냐 그렇지 않으면 너희는 버림 받은 자니라(고후 13:5).

하지만, 어떤 경우는 말씀을 전하거나 가르치는 지도자에게 문제가 있을 수 있습니다. 그럴 때 분별할 수 있는 몇 가지 방법이 있습니다.

첫째, 지도자의 가르치는 말씀이나 전하는 말씀이 신앙의 잣대인 성경 말씀과 일치하는지 분별해 보십시오.

둘째, 가르치는 지도자의 삶의 열매를 확인해 보십시오. 한 개인이 살아온 삶의 발자취는 쉽게 숨길 수 없습니다.

> 이러므로 그들의 열매로 그들을 알리라(마 7:20).

> 하나님의 말씀을 너희에게 일러주고 너희를 인도하던 자들을 생각하며 그들의 행실의 결말을 주의하여 보고 그들의 믿음을 본받으라(히 13:7).

셋째, 영적 분별력이 뛰어난 믿음의 선진에게 조언을 구하십시오. 이런 가운데 만일 지도자에게 잘못이 발견된다면 신중히 판단해서 결단을 내려야 합니다.

죄는 대적해야 하지만, 죄의 자리나 유혹의 자리는 재빨리 벗어나거나 피하는 것이 상책입니다. 아니면 모든 상황이 정상인데도 계속해서 말씀에 거부 반응이 일어난다면 앞에서 살펴본 성령 모독죄에 해당할 수 있습니다. 즉시 회개하고 하나님께 올바른 믿음을 구해야 합니다.

그렇긴 하지만, 비뚤어진 마음 상태로 회개의 자리로 나아간다는 것은 거의 불가능에 가깝습니다. 그러므로 회개할 수 있는 회개의 영을 부어달라고 하나님께 눈물로 매달려야 합니다. 이 일이 아무리 힘들어도 절대 포기해선 안 됩니다.

그럴 때 하나님께서 불쌍히 여기시고 도와주실 것입니다. 그리고 그리스도인은 언제나 빛 가운데로 나아가길 힘써야 합니다. 그 길이 비록 힘들고 어렵다고 해도 그 길만이 살길이기 때문입니다.

> 진리를 따르는 자는 빛으로 오나니 이는 그 행위가 하나님 안에서 행한 것임을 나타내려 함이라 하시니라(요 3:21).

✝ **질문** 현재 당신의 영적 상태는 파란불입니까, 빨간불입니까?

15. 현대판 고르반(마 15:1-9)

예수님이 공생애를 시작하실 때부터 마치실 때까지 언제나 바리새인들과 심한 마찰이 있었습니다. 그도 그럴 것이 하나님을 가장 율법적으로 완벽하게 섬긴다고 자부하는 그들의 눈으로 보기에 난데없이 나타난 나사렛 예수가 하나님같이 말하고 행동하는 것을 그들은 도저히 용납할 수 없었습니다.

> 예수께서 배에 오르사 건너가 본 동네에 이르시니 침상에 누운 중풍 병자를 사람들이 데리고 오거늘 예수께서 그들의 믿음을 보시고 중풍 병자에게 이르시되 작은 자야 안심하라 네 죄 사함을 받았느니라 어떤 서기관들이 속으로 이르되 이 사람이 신성을 모독하도다(마 9:1-3).

이러다 보니 이들에게 예수님은 ,섬김의 대상이 아니라, 제거의 대상이 되었습니다.

> 바리새인들이 나가서 어떻게 하여 예수를 죽일까 의논하거늘(마 12:14).

이렇게 된 가장 큰 원인은 바리새인들이 성부, 성자, 성령 삼위일체 하나님을 제대로 알지 못했기 때문입니다. 이런 왜곡된 믿음을 가진 이들은 자신들의 전공 분야인 율법을 앞세워 예수님을 제압하려고 시도했습니다. 그러다 보니 이들은 예수님의 약점을 잡기 위해 밤낮으로 예수님과 예수님의 제자들을 따라다니며, 그들 눈에 조그마한 약점이라도 보이면 율법을 인용해서 사사건건 예수님께 문제를 제기했습니다.

> 그 때에 예수께서 안식일에 밀밭 사이로 가실 새 제자들이 시장하여 이삭을 잘라먹으니 바리새인들이 보고 예수께 말하되 보시오 당신의 제자들이 안식일에 하지 못할 일을 하나이다(마 12:1-2).

거기에서 떠나 그들의 회당에 들어가시니 한쪽 손 마른 사람이 있는지라 사람들이 예수를 고발하려 하여 물어 이르되 안식일에 병 고치는 것이 옳으니이까(마 12:9-10).

이날도 바리새인들이 예수님과 그 제자들의 일거수일투족을 감시하고 있다가, 예수님의 제자들이 손을 씻지 않고 떡을 먹는 것을 보고 레위기의 정결법을 기초로 한 장로들의 전통을 들어서 예수님을 압박했습니다. 이에 예수님께서는 바리새인들이 내세우는 전통이 얼마나 허무맹랑한 것인지 그들이 지키는 고르반을 인용해서 바리새인들을 크게 꾸짖었습니다.

고르반의 의미는 "하나님께 드려진 예물"이란 뜻으로 바리새파 장로들의 전통으로 내려오는 관례입니다. 그런데 세월이 흐를수록 변질되어 제물이 있어도 다른 사람에게 나눠주기 싫어서 고르반이라고 말하면 누구도 가져갈 수 없을 뿐만 아니라, 심지어 부모님조차 이에 해당되어 고르반 했다고 하면 생활비를 요구할 수 없었습니다.

대답하여 이르시되 너희는 어찌하여 너희의 전통으로 하나님의 계명을 범하느냐 하나님이 이르셨으되 네 부모를 공경하라 하시고 또 아버지나 어머니를 비방하는 자는 반드시 죽임을 당하리라 하셨거늘 너희는 이르되 누구든지 아버지에게나 어머니에게 말하기를 내가 드려 유익하게 할 것이 하나님께 드림이 되었다고 하기만 하면 그 부모를 공경할 것이 없다 하여 너희의 전통으로 하나님의 말씀을 폐하는도다(마 15:3-6).

현대를 살아가는 그리스도인들 가운데 많은 수의 그리스도인이 교회에서 드려지는 꽉 짜인 예배와 각종 모임으로 인하여 세상과 소통하는 시간이 매우 부족합니다. 그런데도 하나님께 예배드렸다는 이유 하나만으로 전혀 부족함을 느끼지 않습니다. 심지어 지도자들 가운데는 이런 교인을 믿음이 좋은 교인이라며 치켜세우기까지 합니다.

또한, 그리스도인들 가운데 교회에 지출하는 과다한 헌금 등으로 인하여 정작 세상 친구들과 교제할 때 대접하기보다, 주로 대접받는 자리에 서서 예수님의 말씀에 위배되는 행동들을 스스럼없이 하고 있습니다. 그래도 자신의 물질을 하나님께 드렸다고 위안받으며 혼자 가슴 뿌듯해합니다. 그리고 상대에게 자신이 다니는 교회에 나오라고 권했을 때 굳이 보지 않아도 결과는 나와 있습니다.

교회는 성도들로부터 거두어들인 헌금을 사회에 환원하기보다, 넓고 화려한 교회 건축을 위해 혈안이 됩니다. 그리고 교회 건축이 끝나고 나면 이번엔 멋진 교육관이나 경치 좋은 산기슭에 기도원을 지으려고 성도들을 들볶기 시작합니다. 그러면서 매번 하는 말은 하나님께 바친다는 것입니다.

> 나는 인애를 원하고 제사를 원하지 아니하며 번제보다 하나님을 아는 것을 원하노라 (호 6:6).

이렇게 기도원이 해결되고 나면 이제 신학교를 세우려고 욕심을 부립니다. 그리하여 힘들게 학교를 세워 놓고 보면 학생들을 모집해야 합니다. 그런데 생각보다 학생들을 모집하기가 쉽지만은 않습니다. 그러다 보니 궁여지책으로 열심히 직장생활 잘하는 성도들에게 사명 운운하며 신학을 하라고 부추깁니다. 그러면 순수한 생각 있는 성도들이 순종이란 이름으로 자신의 모든 것을 내려놓고 신학을 하고 목사 학위를 취득합니다.

이럴 때 처음 자기 생각과는 달리 혼란을 겪거나 방황하는 경우가 대부분입니다. 하지만, 이것이 끝이 아닙니다. 일부 교회는 여기서 한술 더 떠서 부동산 투기하고 다단계 사업을 하는가 하면 사채업에까지 손을 뻗는 등 차마 입에도 담을 수 없는 일들을 앞장서서 하고 있습니다. 그리고 그것도 모자라 여성도들을 농락하는 오늘의 현실에 비추어 볼 때 고르반은 주제넘게 명함도 못 내밀 정도입니다. 그래도 바리새인들은 하나님의 말씀인 율법만큼은 철저하게 지켰습니다.

> 내가 너희에게 이르노니 너희 의가 서기관과 바리새인보다 더 낫지 못하면 결코 천국에 들어가지 못하리라(마 5:20).

그리고 하나님은 믿는 자들에게 또 한 번, 이렇게 경고하셨습니다.

> 너희는 세상의 소금이니 소금이 만일 그 맛을 잃으면 무엇으로 짜게 하리요 후에는 아무 쓸데 없어 다만 밖에 버려져 사람에게 밟힐 뿐이니라(마 5:13).

✝ 질문 1 고르반은 당신에게 남의 일입니까?
✝ 질문 2 당신은 현재의 기독교에 대해 자신이 느끼는 점을 솔직하게 말씀해 보십시오.

16. 오직 의인은 믿음으로 산다(합 2:4)

그리스도인들이 믿음 생활하면서 말씀을 묵상하다 보면 상반된 말씀으로 인하여 어려운 상황에 부딪힐 때가 종종 있습니다.

> 의인은 그의 믿음으로 말미암아 살리라(합 2:4)

> 행함이 없는 믿음은 죽은 것이니라(약 2:26).

이 두 말씀은 아무리 살펴봐도 문맥상으로는 상반된 말씀으로밖에 볼 수 없습니다.

그러면 이 두 말씀을 어떻게 받아들여야 할까요?

지금부터 상반된 말씀으로 받아들여지는 믿음과 행함에 관하여 자세히 한 번 살펴보겠습니다. 먼저 믿음에 관하여 살펴보도록 하겠습니다.

믿음이란?

여러 가지로 설명할 수 있겠지만, 짧게 정의한다면 하나님께서 우리에게 말씀하신 성경 말씀을 액면 그대로 믿고 받아들이는 것입니다. 인간의 구원 역사를 성경 말씀에 비추어 보면 우리가 예수 그리스도를 믿음으로 우리의 죄가 사하여지는 것이 아니라, 예수님이 십자가에서 보혈을 흘리심으로 이미 우리의 죄를 사하여 놓으신 것을 믿는다는 것이 올바른 표현이라는 논리를 펴는 분이 계십니다. 대단히 날카로운 지적이라고 생각합니다.

> 예수께서 신 포도주를 받으신 후에 이르시되 다 이루었다 하시고 머리를 숙이니 영혼이 떠나가시니라(요 19:30; 참고, 롬 5:8-11).

예를 들어 보겠습니다.

한 나라에 큰 환난이 있었습니다. 그 환난 중에 왕은 어린 왕자를 잃어버렸습니다. 왕자는 천신만고 끝에 살아남았지만, 왕궁으로 돌아가지 못하고 거지로 살게 되었습니다. 왕은 온 나라에 수소문했지만 끝내 왕자를 찾지 못한 채 오랜 세월이 흘렀습니다. 그 후, 수많은 고생 끝에 왕자는 왕궁으로 돌아오게 되었으며 왕자의 신분을 되찾게 되었습니다.

그러면 왕자가 거지 생활할 때는 왕자가 아니었을까요?

그렇지 않습니다. 그는 거지 생활 중에도 여전히 왕자였지만, 단지 자신의 신분을 알지 못했을 뿐입니다. 믿음의 자녀들도 이와 마찬가지입니다. 이미 예수님께서 우리를 위하여 십자가에서 이루어 놓으신 구원의 역사를 우리가 알지 못했을 뿐입니다. 이 대목에서 구원받은 하나님의 자녀들은 전도의 중요성을 재빨리 깨달아 알아야 합니다.

> 누구든지 주의 이름을 부르는 자는 구원을 받으리라 그런즉 그들이 믿지 아니하는 이를 어찌 부르리요 듣지도 못한 이를 어찌 믿으리요 전파하는 자가 없이 어찌 들으리요 보내심을 받지 아니하였으면 어찌 전파하리요 기록된 바 아름답도다 좋은 소식을 전하는 자들의 발이여 함과 같으니라(롬 10:13-15).

그러면 잃어버린 왕자가 다시 왕자의 자리로 돌아왔듯이 우리는 어떻게 하면 하나님의 자녀로 인정받을 수 있을까요?

자신이 하나님의 자녀로 인정받기 위해서는 자신이 먼저 하나님의 자녀임을 인정해야 합니다. 자신이 하나님의 자녀임을 인정하는 방법이 회개입니다. 그럴 때 왕이신 하나님 아버지께서 나를 왕자로 인정해 주십니다.

하나님께서 나를 왕자로 인정해 주시는 증표가 성령의 인치심입니다. 이 오묘한 상황이 오랫동안 감추어져 있던 기독교의 비밀입니다(할렐루야! 이 비밀을 깨닫게 하신 하나님을 찬양합니다.

> 그 안에서 너희도 진리의 말씀 곧 너희의 구원의 복음을 듣고 그 안에서 **또한** 믿어 약속의 성령으로 인치심을 받았으니 이는 우리 기업의 보증이 되사 그 얻으신 것을 속량하시고 그의 영광을 찬송하게 하려 하심이라(엡 1:13-14).

계속해서 행함에 대하여 알아보겠습니다.

행함 그 자체로는 절대로 구원을 받을 수 없습니다. 행함으로 구원을 받을 수 있다고 믿는 것은 하나님의 은혜를 모독하는 행위입니다.

『거침없는 복음』의 저자 켄 블루는 종교적 율법주의를 다음과 같이 표현했습니다.

율법주의는 그리스도가 이루신 일에 인간의 노력을 더 할 수 있다는 또한 더해야 한다는 신념이다.

여기서 많은 사람이 궁금해하는 기독교와 천주교의 구원 차이점을, 도표를 통해 살펴보겠습니다.

구원		
	기독교	천주교
교리	오직 성경, 오직 은혜, 오직 믿음	성경, 교회 전통
천국론	오직 믿음	세례, 선행이 필수적으로 따라야 함
기도	오직 예수	마리아를 통해서 기도하면 더 큰 효과
회개	예수 이름	신부를 통한 고해 성사

너희는 그 은혜에 의하여 믿음으로 말미암아 구원을 받았으니 이것은 너희에게서 난 것이 아니요 하나님의 선물이라 행위에서 난 것이 아니니 이는 누구든지 자랑하지 못하게 함이라(엡 2:8-9).

그러면 성경은 왜 행함이 없는 믿음은 죽은 믿음이라고 강조했을까요? 다시 거지와 왕자의 예로 돌아가 보겠습니다.

고생하던 거지가 다시 왕자의 자리를 찾았다고 해서, 그것으로 만족하고 계속해서 예전처럼 거지의 속성으로 살아가겠습니까?

아니면 왕자로서의 합당한 길을 가기 위해, 왕자의 처신에 맞는 교육을 받겠습니까?

누군가 강요하지 않아도 정상적인 생각을 했다면 자신의 처지에 맞는 길을 선택할 것입니다.

마찬가지로 우리가 진정으로 하나님의 사랑을 안다면 어떻게 형제나 이웃의 어려움을 외면할 수 있겠습니까?

누가 이 세상의 재물을 가지고 형제의 궁핍함을 보고도 도와줄 마음을 닫으면 하나님의 사랑이 어찌 그 속에 거하겠느냐 자녀들아 우리가 말과 혀로만 사랑하지 말고 행함과 진실함으로 하자(요일 3:17-18).

내가 무엇을 해야만, 내 죗값을 치를 수 있고 하나님으로부터 인정받을 수 있다는 강박관념이 믿음으로부터 나오는 행위가 아니라는 것입니다. 믿음은 하나님이 주시는 은혜 가운데 기쁨으로 나아가다 보면 자연스러운 방법으로 하나님과 이웃을 섬기려는 열정이 나도 모르게 용솟음쳐 나오는 것입니다. 이것이 진정한 행함이 있는 믿음입니다. 한편의 자작시를 소개하겠습니다.

그들

쨍하고 얼음 깨어지는 소리가 들릴 듯한
적막하고 차가운 겨울밤에
달님은 추워서 새파랗게 질려 있고
대지도 긴장한 채 잔뜩 움츠려 있다.
무심코 열어젖힌 창문 사이로 차가운 겨울바람이
폭포수처럼 쏟아져 들어온다.
깜짝 놀라 창문을 닫고
금방 빠져나온 이불 사이를 비집고 든다.
아! 따뜻하고 행복하다.
그 순간 불현듯 집도 없이 추운 겨울밤을 떠돌고 있을
그들이 생각나서 미안하고 죄송스러운 마음이 든다.
이 밤이 지나고 아침이 오면 그들을 위하여
ARS를 눌러야겠다.

위 시구의 표현 "아! 따뜻하고 행복하다"는 말씀을 들을 때 감동하는 초보 단계의 신앙에 비유할 수 있습니다. 그리고 "그들이 생각나서 미안하고 죄송스러운 마음이 든다"고 고백한 신앙인은 회개하는 마음을 가진 중급 단계의 신앙인이라 볼 수 있습니다. 성숙한 그리스도인은 의무가 아닌 기쁜 마음으로 행함이 있는 단계로까지 나아가야 합니다. 즉, "이 밤이 지나고 아침이 오면 그들을 위하여 ARS를 눌러야겠다"고 다짐하며 행동합니다. 지금까지 살펴본 결과, 믿음과 행함은 동전의 양면과 같음을 알 수 있습니다.

그런데 여기서 한 가지 의문이 생깁니다.

그러면 믿음이나 행함이라고는 찾아볼 수 없을 것 같은 십자가 강도는 어떻게 구원받았을까요?

지금부터 이 문제에 대하여 정의해 보겠습니다.

예수님 활동 당시 바라바라 하는 유명한 죄수가 있었습니다.

> 그때 바라바라 하는 유명한 죄수가 있는데(마 27:16).

그는 이스라엘을 로마로부터 독립시키기 위해 반란을 일으켰으며, 민란 중에 살인을 저지르고 감옥에 투옥되었습니다. 감옥에는 수많은 흉악범이 우글거렸으며 예수님이 십자가에 못 박힐 때 양옆에 같이 십자가에 못 박힐 강도들도 있었습니다.

그러던 어느 날 죄수 한 명이 감옥에 들어왔는데 그가 많은 죄수에게 희망을 주는 소식을 전했습니다. 그의 말에 의하면 요사이 갈릴리에 한 젊은 남자가 나타나서 자기가 메시아라고 주장하며 죽은 사람을 살리고, 귀신을 쫓아내며 먹을 것이 없는 광야에 수천 명을 모아놓고 먹을 것을 주며 온갖 기적과 이적을 행한다는 것이었습니다.

그리고 소문에 의하면 이 메시아라는 청년이 곧 로마 군대를 몰아내고 이스라엘을 독립시킬 것이라며, 많은 사람이 따른다는 것이었습니다. 이 말을 들은 죄수들이 하루라도 빨리 그분이 로마 군대를 몰아내고 자신들을 구해 주길 애타게 기다리기 시작했습니다.

며칠이 지난 어느 날, 로마 군인들이 바라바가 갇혀 있는 감방 앞에 서서 다른 죄수들이 다 들릴 정도의 큰소리로 바라바에게 말했습니다.

"바라바, 너는 참 운이 좋은 놈이구나 석방이다."

이 말을 들은 바라바는 로마 군인들이 자신을 희롱한다는 생각에 고개를 돌려, 그들의 시선을 외면했습니다. 그러자 로마 군인들이 황당한 표정을 지으며 다시 한번 진지한 목소리로 바라바에게 말했습니다.

"바라바, 농담이 아니다. 자칭 유대의 왕이라고 하는 자와 너 둘 중에 너의 동족이 유월절 특사로 너를 선택했단 말이야."

바라바는 한동안 믿을 수 없다는 듯이 꼼짝하지 않고 앉아 있다가, 결심한 듯 천천히 일어나 동료 죄수들을 한 번 둘러본 뒤, 로마 군인들에게 이끌려 그들의 시야에서 사라졌습니다.

이제나저제나 감옥에서 나갈 날만 기다리던 나머지 죄수들이 난리가 났습니다. 그들은 길길이 뛰었습니다.

"그러면 그렇지. 갈릴리에서 무슨 인물이 나겠냐. 우리들이 사기꾼에게 속아도 완전히 속았다."

특히, 예수님 옆 십자가에 달릴 한 강도는 만일 십자가 처형 때 예수를 만나기만 하면 가만있지 않겠다며 잔뜩 벼르고 있었습니다. 그런 가운데 예수님 옆 십자가에 달릴 다른 또 한 명의 강도는 자신이 살아온 삶을 돌이켜 보며, 자신이 십자가 처형 때 예수님을 만나면 부끄러워서 어떻게 할까 하고 종일 한숨만 내쉬고 있었습니다.

사형 집행의 날이 밝았습니다. 감옥의 사형수들이 각자 자신의 십자가를 지고, 골고다 언덕을 향해 힘겹게 올라가고 있었습니다. 그때 그들의 눈앞에 온몸이 피투성이가 된 죄수가 십자가를 진 채 금방이라도 앞으로 고꾸라질 듯 서 있었습니다.

그러자 로마 군인들이 그에게 욕을 하며 빨리 걸어가라고, 사정없이 그를 채찍으로 후려쳤습니다. 채찍의 고통에 그는 작은 신음을 내며 더 이상 버티지 못하고 앞으로 쓰러져 버렸습니다. 화가 난 군인들이 채찍으로 그의 등짝을 몇 번 더 후려쳤지만 가늘게 떨 뿐 그는 더 이상 반응을 보이지 않았습니다. 그러자 주위의 군인들이 모여서 의논 끝에 길가는 한 사람을 억지로 데려와 그에게 대신 십자가를 지게 했습니다.

> 나가다가 시몬이란 구레네 사람을 만나매 그에게 예수의 십자가를 억지로 지워가게 하였더라(마 27:32).

이를 지켜보던 사형수들이 직감적으로 그가 소문으로 들었던 갈릴리 청년 예수임을 알고 대부분 사형수가 꼴 좋다며 비웃었습니다. 하지만, 한 사형수만은 가슴이 아파 차마 그 장면을 보지 못하고 얼굴을 돌려 외면했습니다. 다른 곳으로 향한 그의 눈에 울면서 예수님을 따르는 한 무리의 여인들이 보였습니다. 사형 집행이 시작되었습니다.

골고다 바위 언덕 위에 예수님께서 못 박히셨을 때 공교롭게도 예수님 양옆에 두 강도가 있었습니다. 두 강도 가운데 한 강도는 예수님을 만나면 가만있지 않겠다고 벼르던 강도였으며, 다른 한 강도는 십자가 처형 때 제발 예수님을 만나지 말았으면 하고 바라던 강도였습니다. 이들 두 강도가 예수님을 만났을 때 예상대로 예수님을 대하는 태도가 전혀 달랐습니다.

한 강도는 예수님을 만나는 순간부터 예수님을 비난하며 조롱하기에 바빴으며 다른 한 강도는 예수님을 옹호하며 예수님을 비난하며 조롱하는 다른 강도를 도리어 크게 나무랐습니다.

그리고 그는 예수님을 감히 쳐다보지도 못하고 고개를 숙인 채 떨리는 목소리로 예수님이 천국에 임하실 때 자기를 기억해 달라고 간절히 부탁을 드렸습니다. 그의 양심으로는 차마 예수님께 자신을 구원해 달라는 부탁을 드릴 용기가 없었습니다. 그런데 놀라운 일이 일어났습니다. 강도의 진심 어린 고백의 말을 들은 예수님께서 가시면류관을 쓰신 머리를 힘겹게 돌리셔서, 긍휼의 눈으로 강도를 바라보시며 조용히 말씀하셨습니다.

내가 진실로 네게 이르노니 오늘 네가 나와 함께 낙원에 있으리라(눅 23:43).

낙원을 약속하셨습니다.

그러면 어떻게 해서 똑같이 흉악한 범죄를 저지른 강도가 이렇게 서로 다르게 반응할 수 있을까요?

이 일은 전적으로 하나님의 섭리임을 고백하지 않을 수 없습니다. 예수님께서 빌립보 가이사랴 지방에 계실 때 제자들에게 "사람들이 나를 누구라고 하느냐"며 질문하신 적이 있습니다. 예수님의 질문에 제자들이 대답했습니다.

"사람들은 선생님을 세례요한이나 엘리야 또는 예레미야나 선지자 중 한 명이라고 말한다."

그러자 예수님께서 재차 질문하셨습니다.

"너희는 나를 누구라고 생각하느냐?"

이에 시몬 베드로가 고백하였습니다.

"주는 그리스도시요 살아계시는 하나님의 아들이십니다."

베드로의 대답을 들은 예수님께서 굉장히 기뻐하시며 베드로를 크게 칭찬하셨습니다. 그러시면서 말씀하셨습니다(참고, 마 16:13-17).

"이 고백을 하게 된 것은 사람의 생각이 아니라, 하나님이 알게 하셨다."

예수님의 말씀에 의하면 베드로가 예수님을 하나님의 아들이심을 고백할 수 있었던 것은 하나님께서 베드로의 영안을 열어 주셨기 때문에 가능한 일이었습니다. 십자가 강도 또한 하나님께서 그의 마음의 문을 열어 주셨기에 예수님을 자신의 메시아로 영접할 수 있었습니다.

그렇습니다. 하나님께서는 자신을 겸손히 낮추고, 회개하는 심령을 가진 자를 기뻐하시고 만나주십니다. 그리고 구원하십니다. 십자가 강도는 사도 바울이 고린도전서 3장에서 말하는 나무나 풀이나 짚으로 공적을 세운 사람입니다. 그는 삶의 대부분을 남에게 해를 끼치는 삶을 살았습니다.

그리고 그는 자기 삶의 공적이라고는 내세울 것이 없었습니다. 하지만 그의 마음 한 곳에는 늘 지은 죄에 대한 죄의식과 회개하는 마음을 가지고 있었음이 분명합니다.

> 우리가 선택받았다는 깨달음에 도달할 수 있도록 하나님이 정한 유일한 방법은 그것이 우리 자신의 영혼에 맺는 열매들에 의해서다.
>
> – 존 오웬

경우만 다를 뿐이지 따지고 보면 우리도 다 이 같은 죄인입니다. 오직 의인은 믿음으로 삽니다. 그 믿음의 열매가 행함이라는 삶으로 나타납니다. 이 믿음을 유지하는 비결은 성령님의 인도하심 가운데 철저하게 자신을 쳐 복종시키는 회개의 삶입니다. 자기 잘못을 뉘우치지 않는 자에게는 하나님의 은혜가 절대로 임하지 않습니다.

> 여호와께서 말씀하시되 오라 우리가 서로 변론하자 너희의 죄가 주홍 같을지라도 눈과 같이 희어질 것이요 진홍같이 붉을지라도 양털같이 희게 되리라(사 1:18).

✝ **질문** 당신은 오직 믿음으로 살고 계십니까?

17. 구원의 확신(롬 8:1-2)

그리스도인들 가운데 교회를 위하여 봉사를 제의받거나 부탁받으면 좀 더 성공해서 여유를 가지고 섬기겠다는 분들이 계십니다. 또 다른 사람에게 복음을 전하라고 하면 좀 더 믿음이 성숙해진 다음에 하겠다고 말하기도 합니다. 어쩌면 이런 분들은 교회를 위해서 평생 아무 일도 못 할지도 모릅니다. 하나님은 우리가 스스로 완벽해지길 원하시는 분이 아니십니다. 다만 당신의 말씀에 순종하기를 원하십니다.

> 그는 근본 하나님의 본체시나 하나님과 동등 됨을 취할 것으로 여기지 아니하시고 오히려 자기를 비워 종의 형체를 가지사 사람들과 같이 되셨고 사람의 모양으로 나타나사 자기를 낮추시고 죽기까지 복종하셨으니 곧 십자가에 죽으심이라(빌 2:6-8).

한편으로, 그리스도인들 가운데 자신의 지은 죄나 수시로 짓게 되는 습관적인 죄로 인하여 구원의 확신이 흔들리거나 아예 구원을 포기하는 이들도 있습니다. 그리스도인들을 대상으로 예수님을 가장 많이 닮은 제자에게 투표하라고 한다면 기꺼이 사도 바울에게 한 표를 던질 그리스도인들이 많을 것입니다.

이렇게 인정받는 바울이지만 처음부터 그런 인물은 아니었습니다. 애초에 바울은 유대교 신봉자로서 기독교를 이단으로 규정하고 기독교를 박해하는 데 적극적으로 앞장섰던 살기등등한 유대교 젊은 지도자였습니다.

> 내가 이전에 유대교에 있을 때에 행한 일을 너희가 들었거니와 하나님의 교회를 심히 박해하여 멸하고(갈 1:13).

이런 그가 갑자기 변화될 수 있었던 것은 유대교의 박해로 인하여 예루살렘 교회에서 여러 지방과 도시로 흩어진 그리스도인들이 가는 곳마다 복음을 전하므로 크게 부흥이 일어나자, 이에 위기감을 느낀 바울이 이들을 체포해서 예루살렘으로 끌고 오기 위해 다메섹으로 가던 중에, 극적으로 부활하신 예수님을 만나게 되면서부터였습니다.

> 사울이 주의 제자들에 대하여 여전히 위협과 살기가 등등하여 대제사장에게 가서 다메섹 여러 회당에 가져갈 공문을 청하니 이는 만일 그 도를 따르는 사람을 만나면 남녀를 막론하고 결박하여 예루살렘으로 잡아오려 함이라 사울이 길을 가다가 다메섹에 가까이 이르더니 홀연히 하늘로부터 빛이 그를 둘러 비추는지라 땅에 엎드러져 들으매 소리가 있어 이르되 사울아 사울아 네가 어찌하여 나를 박해하느냐 하시거늘 대답하되 주여 누구시니이까 이르시되 나는 네가 박해하는 예수라 너는 일어나 시내로 들어가 네가 행할 것을 네게 이를 자가 있느니라 하시니 같이 가던 사람들은 소리만 듣고 아무도 보지 못하여 말을 못하고 서 있더라 사울이 땅에서 일어나 눈은 떴으나 아무것도 보지 못하고 사람의 손에 끌려 다메섹으로 들어가서 사흘 동안 보지 못하고 먹지도 마시지도 아니하니라 (행 9:1-9).

이 일 후에 예수님의 제자 아나니아의 안수로 거듭남을 경험한 바울은 구원은 율법을 지키므로 이루어지는 것이 아니라, 오직 하나님의 은혜와 믿음으로 이루어짐을 깨닫고 예수님의 부르심에 따라 이방인 사도의 길을 걷게 됩니다. 이때부터 바울은 이전과 다른 완전히 새로운 삶을 살게 됩니다.

> 사울은 힘을 더 얻어 예수를 그리스도라 증언하여 다메섹에 사는 유대인들을 당혹하게 하니라 (행 9:22).

훗날 바울은 신약성경 27권 중 13권을 기록할 정도로 위대한 인물이 되었지만, 성경 곳곳에 자신의 약함을 고백하는 구절들이 여러 번 나옵니다. 그중 대표적인 바울의 고백이 로마서 7장에 잘 나타나 있습니다.

> 그러므로 내가 한 법을 깨달았노니 곧 선을 행하기 원하는 나에게 악이 함께 있는 것이로다 내 속사람으로는 하나님의 법을 즐거워하되 내 지체 속에서 한 다른 법이 내 마음의 법과 싸워 내 지체 속에 있는 죄의 법으로 나를 사로잡는 것을 보는도다 오호라 나는 곤고한 사람이로다 이 사망의 몸에서 누가 나를 건져내랴(롬 7:21-24).

여기서 바울은 자신의 죄성을 구체적으로 밝히진 않았지만, 매번 우리들이 직면하게 되는 죄들과 별반 다르지 않을 것입니다.

> 육체의 일은 분명하니 곧 음행과 더러운 것과 호색과 우상숭배와 주술과 원수 맺는 것과 분쟁과 시기와 분냄과 당 짓는 것과 분열함과 이단과 투기와 술 취함과 방탕함과 또 그와 같은 것들이라 전에 너희에게 경계한 것 같이 경계하노니 이런 일을 하는 자들은 하나님의 나라를 유업으로 받지 못할 것이요(갈 5:19-21).

하지만, 이 모든 것들이 바울의 구원 확신만큼은 빼앗지 못했습니다.

> 그러므로 이제 그리스도 예수 안에 있는 자에게는 결코 정죄함이 없나니(롬 8:1).

감사하게도, 바울이 고백한 이 고백이 주님을 믿는 우리에게도 똑같이 적용된다는 것입니다. 바울은 자기 삶의 말년에 다시 한번 위대한 고백을 하게 됩니다.

> 미쁘다 모든 사람이 받을 만한 이 말이여 그리스도 예수께서 죄인을 구원하시려고 세상에 임하셨다 하였도다 죄인 중에 내가 괴수니라(딤전 1:15).

이 말씀을 대할 때 이와 유사한 고백을 한 또 한 사람의 사도가 생각납니다.

> 시몬 베드로가 이를 보고 예수의 무릎 아래에 엎드려 이르되 주여 나를 떠나소서 나는 죄인이로소이다 하니(눅 5:8).

인간은 악해지면 악해질수록 자신의 악함을 깨닫지 못하는 경향이 있으며, 선해지면 선해질수록 자신의 죄성을 깨닫게 되는 속성을 가지고 있습니다. 그것은 마치 깜깜한 곳에서는 아무것도 볼 수 없다가, 밝은 빛이 비치면 모든 추함이 드러나는 것과 같은 이치입니다.

그런데 하물며 빛보다 밝으신 하나님 존전에 가까이 다가갈수록 느끼는 자신의 추함이야 무엇으로 대신할 수 있겠습니까?

그런데도 바울은 자신의 한계 앞에서도 구원의 확신만큼은 변함이 없었습니다.

> 우리가 아직 죄인 되었을 때에 그리스도께서 우리를 위하여 죽으심으로 하나님께서 우리에 대한 자기의 사랑을 확증하셨느니라(롬 5:8).

† **질문** 당신은 당신의 구원을 확신하십니까?
만약 구원의 확신이 흔들릴 때는 어떻게 내쳐하십니까?
그리고 당신은 어느 때 구원의 확신이 가장 많이 흔들립니까?

18. 참된 경건(약 1:26-27)

> 망령되고 허탄한 신화를 버리고 경건에 이르도록 네 자신을 연단하라 육체의 연단은 약간의 유익이 있으나 경건은 범사에 유익하니 금생과 내생에 약속이 있느니라 (약 4:7-8).

> 모든 사람과 더불어 화평함과 거룩함을 따르라 이것이 없이는 아무도 주를 보지 못하리라 (히 12:4).

화평과 거룩함은 하나님의 속성입니다. 경건한 삶을 살기 위한 연단이 화평과 거룩함을 만들어 갑니다. 경건의 훈련과 경건한 삶은 그리스도인이 거쳐야 할 필수코스입니다. 이것이 없이는 주님의 제자가 될 수 없습니다. 이제 하나님께서 야고보서를 통하여, 우리에게 가르쳐 주신 참된 경건의 의미를 살펴보겠습니다.

첫째, 바른 인격에서 나오는 절제된 언행입니다.
생각이 행동으로 나타나며 반복된 행동이 습관이 되며 습관이 그 사람의 인격을 형성하게 됩니다. 이렇게 형성된 인격이 그 사람의 말을 통하여 밖으로 드러나게 됩니다. 혀의 권세는 사람을 살리기도 하며, 죽이기도 합니다. 학창 시절 선생님의 칭찬 한마디에 자기 삶이 완전히 바뀌었다고 고백하는 이들을 종종 보게 됩니다.
하지만, 안타깝게도 이와 반대되는 경험을 고백하는 이들도 적지 않습니다. 특히, 그리스도인들은 말을 가려서 해야 합니다. 부정적인 말이나 저주 섞인 말은 삼가고 긍정적이며 축복의 말을 많이 해야 합니다.

> 죽고 사는 것이 혀의 힘에 달렸나니 혀를 쓰기 좋아하는 자는 혀의 열매를 먹으리라
> (잠 18:21).

말의 중요성에 대한 경고는 약 3:1-12절에서 절정을 이룹니다.

> 내 형제들아 너희는 선생된 우리가 더 큰 심판을 받을 줄 알고 선생이 많이 되지 말라 우리가 다 실수가 많으니 만일 말에 실수가 없는 자라면 곧 온전한 사람이라 능히 온 몸도 굴레 씌우리라 우리가 말들을 입에 재갈 물리는 것은 우리에게 순종하게 하려고 그 온 몸을 제어하는 것이라 또 배를 보라 그렇게 크고 광풍에 밀려가는 것들을 지극히 작은 키로써 사공의 뜻대로 운행하나니 이와 같이 혀도 작은 지체로되 큰 것을 자랑하도다 보라 얼마나 작은 불이 얼마나 많은 나무를 태우는가 혀는 곧 불이요 불의의 세계라 혀는 우리 지체 중에서 온몸을 더럽히고 삶의 수레바퀴를 불사르나니 그 사르는 것이 지옥 불에서 나느니라 여러 종류의 짐승과 새와 벌레와 바다의 생물은 사람이 길들일 수 있고 길들여 왔거니와 혀는 능히 길들일 사람이 없나니 쉬지 아니하는 악이요 죽이는 독이 가득한 것이라 이것으로 우리가 주 아버지를 찬송하고 또 이것으로 하나님의 형상대로 지음을 받은 사람을 저주하나니 한 입에서 찬송과 저주가 나오는도다 내 형제들아 이것이 마땅하지 아니하니라 샘이 한 구멍으로 어찌 단물과 쓴물을 내겠느냐 내 형제들아 어찌 무화과나무가 감람 열매를, 포도나무가 무화과를 맺겠느냐 이와같이 짠물이 단물을 내지 못하느니라(약 3:1-12).

둘째, 소외된 이웃을 돌보는 삶입니다.

예수님께서 공생애를 시작하신 이후로 예수님의 인기는 날로 높아지고 있었습니다. 이를 못마땅하게 생각한 한 율법 교사가 예수님을 시험하기 위해 찾아왔습니다(참고, 눅 10:25). 예전에는 많은 사람이 자신에게 가르침을 받기 위해 모여들었는데 지금은 그들이 예수님의 가르침을 받기 위해 자신을 떠난 배신감으로 잔뜩 화가 나 있었습니다.

율법 교사는 자신의 해박한 율법 지식을 활용해서 많은 사람 앞에서 예수님의 콧대를 납작하게 해 주고 싶었습니다. 그는 예수님의 말씀을 듣기 위해 모인 군중의 한 사람으로 가장해서, 예수님을 시험할 기회를 엿보고 있었습니다. 마침 좋은 기회를 포착한 그는 잽싸게 일어나, 예수님께 질문을 던졌습니다.

"선생님, 내가 무엇을 하여야 영생을 얻겠습니까?"

도전적인 율법 교사의 질문에 예수님께서는 부드러운 눈빛으로 그를 바라보시며 좋은 질문을 했다는 의미로 그를 향해 고개를 끄덕여 보이셨습니다. 그러고는 예수님께서 율법 교사에게 되물으셨습니다.

"내가 보니 네가 율법에 상당한 식견을 가진 것 같구나. 율법에는 뭐라고 기록되어 있느냐. 그리고 너는 이 율법에 대해 네 개인적인 견해를 말해 보거라."

예수님의 질문을 받은 율법 교사는 조금도 당황하지 않고 점잖게 자세를 가다듬은 후 또박또박한 목소리로 자신의 율법 실력을 뽐냈습니다.

"선생님, 신명기에 보면 네 마음을 다하며 목숨을 다하며 뜻을 다하여 주 너의 하나님을 사랑하라고 말씀하셨으며 레위기에서는 네 이웃을 네 자신 같이 사랑하라고 하셨습니다."

율법 교사는 당당하게 예수님의 질문에 답을 하고 흡족한 마음으로 주위를 둘러보았습니다. 그러자 여기저기서 많은 사람이 그의 율법 실력에 놀라워하며, 그를 향해 엄지손가락을 치켜세웠습니다. 그는 처음 이곳에 올 때와는 달리 기분이 무척 좋아졌습니다. 예수님께서도 그를 칭찬하시며 네가 한 말을 그대로 실천하면 네가 원하는 일을 이룰 수 있다며 그를 격려해 주셨습니다.

그 순간 율법 교사는 조금 전 자신에게 하나님 사랑 이웃사랑에 대한 견해를 묻던 예수님의 말씀이 떠올랐습니다. 그러자 그는 자신이 하나님이 주신 이웃사랑에 대한 율법의 의미를 잘못 알고 있는 것은 아닐까 하는 의

구심이 들기 시작했습니다. 지금까지 자신은 같은 동족, 같은 종교집단 외에는 어느 사람도 이웃이라고 생각해 본 적이 없었습니다.

그러면서도 이방인이나 사마리아인들을 무시하거나 경멸할 때 가끔 같은 인간으로서 미안한 마음을 가졌던 기억이 떠올랐습니다. 그는 당당했던 조금 전 모습과는 달리 걱정이 가득 담긴 목소리로 예수님께 다시 질문했습니다.

"선생님, 율법이 말하는 내 이웃은 누구입니까?"

자기 합리화에 가득 찬 율법 교사에게 예수님께서 선한 사마리아인을 비유로 진정한 이웃사랑의 의미를 깨우쳐 주셨습니다.

선한 사마리아 사람(눅 10:25-37)에 대한 말씀은 그리스도인들이 신앙생활을 하면서 어릴 적부터 수없이 듣고 배워온 말씀입니다. 그러다 보니 방심하여 자칫 소홀히 듣고 넘길 수 있습니다. 그러나 이 말씀은 그리스도인의 이웃사랑에 대한 하나님의 굉장히 중요한 메시지를 담고 있습니다.

예수님께서는 우리들이 이웃을 사랑할 때 쓰고 남은 물질이나 남은 자투리 시간을 이용해서 내 기분, 내 생각대로 적당히 하는 것이 아니라고 말씀하고 계십니다. 그리스도인이 이웃을 사랑한다는 것은 자신의 목숨과 시간과 수고를 아끼지 말아야 하며 물질 또한 아끼지 말아야 한다고 말씀하십니다.

지금, 예수님께서 우리에게 이렇게 묻고 계실지도 모릅니다.

"너에게 가장 소외된 이웃은 누구냐?"

"너는 이들을 위해 무엇을 하고 있니?"

우리들이 이 땅에서의 삶을 다하고 주님 앞에 섰을 때 주님께서 반드시 우리의 삶을 확인하실 것입니다.

> 내 형제들아 만일 사람이 믿음이 있노라 하고 행함이 없으면 무슨 유익이 있으리요 그 믿음이 능히 자기를 구원하겠느냐 만일 형제나 자매가 헐벗고 일용할 양식이 없는

데 너희 중에 누구든지 그에게 이르되 평안히 가라, 덥게 하라, 배부르게 하라 하며 그 몸에 쓸 것을 주지 아니하면 무슨 유익이 있으리요 이와 같이 행함이 없는 믿음은 그 자체가 죽은 것이라(약 2:14-17).

셋째, 세속에 물들지 않게 자신을 쳐 복종시키는 삶입니다. 이런 속담이 있습니다.
"가랑비에 옷 젖는 줄 모른다."
어린 시절 동네 어귀에서 놀다 보면 눈에 잘 보이지 않을 정도로 가늘게 비가 내릴 때가 있습니다. 워낙 적은 양이어서 대수롭지 않게 여기고 정신없이 뛰어놀다 보면 점점 빗방울이 굵어져서 머리카락을 타고 얼굴로 뚝뚝 떨어져 내립니다.
깜짝 놀라 옷을 만져보면 어느새 푹 젖어 있음을 알고, 한동안 당황하지만, 그것도 잠시뿐 이내 노는 데 정신이 팔려 굵은 빗줄기에도 아랑곳하지 않고 온몸을 맡겨버립니다.
죄의 속성도 이와 유사합니다. 작은 죄라 할지라도, 처음 죄를 지을 때는 양심의 가책으로 인하여 잠을 이루지 못할 만큼 심각하게 받아들입니다. 그러다가도 반복적으로 죄를 짓게 되면 양심이 서서히 무뎌져 죄책감을 상실하기에 이릅니다. 그러면서 죄의 수위가 점점 올라가게 됩니다. 이것이 죄의 중독성입니다.
바늘 도둑이 소도둑 된다는 속담을 떠올려 보십시오. 그러므로 죄는 일찍부터 싹수를 잘라내야 합니다. 자신을 죄로부터 지키는 최상의 방법은 어릴 적부터 말씀으로 훈련되고 교육되는 것이 가장 바람직한 방법입니다.

모든 성경은 하나님의 감동으로 된 것으로 교훈과 책망과 바르게 함과 의로 교육하기에 유익하니 이는 하나님의 사람으로 온전하게 하며 모든 선한 일을 행할 능력을 갖추게 하려 함이라(딤후 3:16-17).

어른이 되어서 자신의 나쁜 습관이나 죄성을 바로 잡는다는 것은 너무나 힘들고 어렵기 때문입니다. 그렇다고 포기해서는 안 됩니다. 자신이 죄로부터 바로 서기 위해서 먼저 해야 할 일이 있습니다. 하나님 앞에 나아가 자신의 죄를 낱낱이 고백하고, 죄 용서함을 받아야 합니다.

> 너희는 여호와를 만날만한 때에 찾으라 가까이 계실 때에 그를 부르라 악인은 그의 길을, 불의한 자는 그의 생각을 버리고 여호와께로 돌아오라 그리하면 그가 긍휼히 여기시리라 우리 하나님께로 돌아오라 그가 너그럽게 용서하시리라(사 55:6-7).

이 일이 우선되어야만, 하나님을 인격적으로 만날 수 있습니다. 하나님을 만난 후에는 아무리 힘들고 어려운 일들이 찾아와도 주님의 말씀을 의지하여 흔들림 없이 나아가야 합니다. 비록 습관적인 죄로 인하여 수없이 넘어진다 해도 좌절해서는 절대로 안 됩니다. 하나님께서 끝까지 돌봐주시기 때문입니다. 나의 약점에 흔들리지 말고, 주님의 강하심을 기억하십시오.

그리고 전적으로 의지하십시오. 이렇게 꾸준히 자신을 쳐 복종시키다 보면 어느새 다른 사람에게 용기를 북돋우어 주는 자신을 발견하게 될 것입니다. 이 일이 주님이 기뻐하시는 믿음의 열매입니다. 그리스도인이라면 누구나 이런 자리까지 나아가야 합니다.

> 그리스도의 말씀이 너희 속에 풍성히 거하여 모든 지혜로 피차 가르치며 권면하고 시와 찬송과 신령한 노래를 부르며 감사하는 마음으로 하나님을 찬양하고(골 3:16).

† 질문 당신은 지금 어느 위치에 서 있습니까?

19. 두 종류의 사람 (행 2:37; 7:54)

사도행전 2장과 7장에서 같은 말씀 앞에서 다르게 반응하는 두 무리의 사람들을 소개합니다.

말씀 선포 앞에서 마음에 찔려 어찌할꼬 하며 떨며 회개하는 무리입니다. 예수님께서 공생애를 마칠 즈음에 마지막 유월절을 기념하기 위하여 제자들과 한자리에 모였습니다. 역사에 길이 남을 최후의 만찬이 시작된 것입니다.

예수님께서 이 자리에서 떡과 포도주를 제자들에게 나누어 주시면서 말씀하셨습니다.

"떡은 내 살이요, 포도주는 많은 사람을 구원하기 위하여 흘릴 나의 언약의 피다."

식사를 마치신 예수님께서 수건을 허리에 두르시고 가장 천한 하인이 마치 제집 주인에게 하듯이 대야에 물을 떠서 제자들의 발을 씻기셨습니다. 친히 제자들에게 섬김의 본을 보여 주신 것입니다. 예수님께서는 그 순간에도 자기를 팔 제자를 생각하시며 마음 아파하셨습니다.

사탄이 평소에 탐심이 많은 가룟 유다의 약점을 이용해서 예수님을 팔 생각을 그에게 집어넣었습니다. 그러자 유다는 바로 대제사장들에게 달려가서 은 삼십에 자기의 스승인 예수님을 미련 없이 팔아넘겼습니다. 그 후 예수님께서 많은 고통과 고난을 겪으시면서도, 포기하지 않으시고 끝내 십자가를 지심으로 하나님의 구원 역사를 이루셨습니다.

이 일 후에도, 계속되는 동족들의 공작과 방해에도 전혀 개의치 않으시고 십자가의 죽음에서 부활하셔서 40일 동안 제자들과 교제하시면서 많은 위로와 가르침을 주셨습니다. 예수님께서 승천하실 기한이 차자, 제자들에게 감람산으로 모이라고 소집 명령을 내렸습니다. 이날, 감람산에 모인 무리의 수가 사도를 포함해서 오백여 명에 이르렀습니다.

이들이 예수님을 뵙고 예를 표한 후, 이스라엘이 언제쯤 로마로부터 독립이 될지 조심스럽게 여쭤보았습니다. 그러자 예수님께서 그 일은 하나님께 맡겨두고 너희들이 해야 할 일이 따로 있다고 잘라 말씀하셨습니다. 나라가 회복되는 일보다 더 중요한 일이 또 있을까 하며 어리둥절해하는 제자들에게 예수님께서 그들이 생각하는 것보다 훨씬 크고 광대한 하나님 나라의 회복과 완성을 위한 선교와 전도의 사명을 주셨습니다.

> 오직 성령이 너희에게 임하시면 너희가 권능을 받고 예루살렘과 온 유대와 사마리아와 땅끝까지 이르러 내 증인이 되리라 하시니라(행 1:8).

말씀을 마치신 예수님께서 제자들이 지켜보는 가운데 서서히 하늘을 향해 올라가기 시작하셨습니다. 모인 무리가 깜짝 놀라 두 눈을 크게 뜨고 숨을 죽인 채, 예수님을 쫓아 목을 하늘로 길게 빼 들었습니다. 그 순간 제자들의 눈에 예수님 곁에 서 있는 흰옷 입은 두 사람이 보였습니다. 모두가 누군지 궁금해하며 호기심 가득한 눈으로 쳐다보고 있을 때 하늘로부터 음성이 들려왔습니다.

> 이르되 갈릴리 사람들아 어찌하여 서서 하늘을 쳐다보느냐 너희 가운데서 하늘로 올려지신 이 예수는 하늘로 가심을 본 그대로 오시리라 하였느니라(행 1:11).

그제야 정신을 차린 제자들이 예수님께서 자기들에게 예루살렘을 떠나지 말고 아버지께서 약속하신 성령님을 기다리라는 말씀이 떠올랐습니다. 제자들은 하늘을 향해 예수님께 일동 경배드리고, 기쁜 마음으로 예루살렘에 돌아왔습니다. 돌아오는 길에, 그들은 신이 나서 덩실덩실 춤을 추었습니다. 지금까지 제자들의 마음에 남아있던 예수님의 부활에 대한 일말의 의심마저 사라졌습니다.

예수님께서도 이 사건을 통하여, 제자들에게 구원의 확신을 심어주고 싶었던 것입니다. 어떤 이들 중에는 자기 눈으로 예수님을 한 번만이라도 확인할 수 있으면 열심을 다해 신앙생활을 하겠다는 분들이 계십니다. 하지만, 말씀을 보고 믿어지지 않으면 예수님을 만나도 믿기가 어렵습니다. 예수님께서도 보지 못하고 믿는 자들이 복되다고 말씀하셨습니다.

> 예수께서 이르시되 너는 나를 본 고로 믿느냐 보지 못하고 믿는 자들은 복되도다 하시니라(요 20:29).

하나님께서 성령님을 통하여 우리들의 마음을 열어 주셔야지 믿어지게 되는 것입니다. 감람산에서 예수님을 직접 만난 오백여 명의 제자들 가운데도 삼백팔십여 명은 예수님의 명령을 뒤로한 채 각자의 삶으로 돌아갔습니다. 반면 남은 백이십여 명만이 한자리에 모여 마음을 다해 오로지 기도에만 힘을 쏟았습니다. 유월절 이후 오십일 째 되는 날을 가리켜 오순절이라고 부릅니다.

예수님께서 십자가에서 돌아가신 지 사흘 만에 다시 살아나셨으며 사십일 동안 제자들과 만나시며 교제를 나누셨습니다. 이를 미루어 짐작해 보면 백이십여 명의 제자들이 함께 모여 기도를 시작한 지 열흘이 채 되지 않은 오순절 날에 예수님이 말씀하신 성령이 강력하게 제자들에게 임하신 것입니다.

이날을 시작으로 이 땅에 정식으로 교회가 세워지고 예수 그리스도의 제자로 불리는 그리스도인이 탄생하는 역사적인 날이 되었습니다. 강력한 성령에 취한 제자들이 기쁨을 주체하지 못하고, 길거리로 쏟아져 나왔습니다. 그곳에는 경건한 유대인들이 각 나라에서 오순절 순례자로 와서 예루살렘에 머물러 있을 때였습니다.

그때 그들의 눈에 현지인들로 보이는 한 무리의 사람들이 무어라 떠들어대며 자신들의 앞으로 몰려오는 모습이 보였습니다. 호기심이 발동한 유대인들이 이들이 무슨 말을 하는지 귀 기울여 들어 보니, 무식해 보이는 현지인들이 각 나라의 말을 유창하게 하고 있음에 소스라치듯 놀라, 서로를 바라보며 자신들의 눈과 귀를 의심했습니다.

그러나 한편에서는 이들이 대낮부터 새 포도주에 취해서 술주정한다며 조롱했습니다. 눈치 백 단 열정의 사나이 베드로가 이 말을 듣고 가슴으로부터 뿜어져 나오는 뜨거운 복음의 열정을 주체할 수 없었습니다. 예수 그리스도를 모르는 저들이 불쌍해 보였습니다. 잠시 후 이곳은 제자들이 성령 세례를 받고 예수 그리스도의 복음이 처음으로 선포되는 역사적인 현장이 되었습니다.

이 기적의 현장은 이천년이 지난 지금도 계속돼야 합니다. 성령을 체험한 그리스도인들은 믿지 않는 이들이나 성령을 체험하지 못한 그리스도인들에게 베드로와 같은 깨달음을 주어야 합니다. 이일이 우리 그리스도인들이 해야 할 사명입니다. 베드로의 위대한 오순절 설교를 소개합니다. 숙지하시고, 또 숙지하셔서 다른 이들에게 담대히 선포하는 자리까지 나아가십시오.

베드로가 열한 사도와 함께 서서 소리를 높여 이르되 유대인들과 예루살렘에 사는 모든 사람들아 이 일을 너희로 알게 할 것이니 내 말에 귀를 기울이라 때가 제 삼 시니 너희 생각과 같이 이 사람들이 취한 것이 아니라 이는 곧 선지자 요엘을 통하여 말씀하신 것이니 일렀으되 하나님이 말씀하시기를 말세에 내가 내 영을 모든 육체에 부어 주리니 너희의 자녀들은 예언할 것이요 너희의 젊은이들은 환상을 보고 너희의 늙은이들은 꿈을 꾸리라 그 때에 내기 내 영을 내 남종과 여종들에게 부어 주리니 그들이 예언할 것이요 또 내가 위로 하늘에서는 기사를 아래로 땅에서는 징조를 베풀리니 곧 피와 불과 연기로다 주의 크고 영화로운 날이 이르기 전에 해가 변하여 어두워지고 달이 변하여 피가 되리라 누구든지 주의 이름을 부르는 자는 구원을 받으리라 하였느니라 이스라엘 사람들아 이 말을 들으라 너희도 아는 바와 같이 하나님께서 나사렛 예수로 큰 권능과 기사와 표적을 너희 가운데서 베푸사 너희 앞에서 그를 증언하셨느니라 그가 하나님께서 정하신 뜻과 미리 아신 대로 내준 바 되었거늘 너희가 법 없는 자들의 손을 빌려 못 박아 죽였으나 하나님께서 그를 사망의 고통에서 풀어 살리셨으니 이는 그가 사망에 매여 있을 수 없었음이라 다윗이 그를 가리켜 이르되 내가 항상 내 앞에 계신 주를 뵈었음이여 나로 요동하지 않게 하기 위하여 그가 내 우편에 계시도다 그러므로 내 마음이 기뻐하였고 내 혀도 즐거워하였으며 육체도 희망에 거하리니 이는 내 영혼을 음부에 버리지 아니하시며 주의 거룩한 자로 썩음을 당하지 않게 하실 것임이로다 주께서 생명의 길을 내게 보이셨으니 주 앞에서 내게 기쁨이 충만하게 하시리로다 하였으므로 형제들아 내가 조상 다윗에 대하여 담대히 말할 수 있노니 다윗이 죽어 장사 되어 그 묘가 오늘까지 우리 중에 있도다 그는 선지자라 하나님이 이미 맹세하사 그 자손 중에서 한 사람을 그 위에 앉게 하리라 하심을 알고 미리 본 고로 그리스도의 부활을 말하되 그가 음부에 버림이 되지 않고 그의 육신이 썩음을 당하지 아니하시리라 하더니 이 예수를 하나님이 살리신지라 우리가 다 이 일에 증인이로다 하나님이 오른손으로 예수를 높이시매 그가 약속하신 성령을 아버지께 받아서 너희가 보고 듣는 이것을 부어 주셨느니라 다윗은 하늘에 올라가지 못하였으나 친히 말하여 이르되 주께서 내 주에게 말씀하시기를 내가 네 원수로 네 발등상이 되게 하기까지 너는 내 우편에 앉아 있으라 하셨도다 하였으니 그런즉 이스라엘 온 집은 확실히 알지니 너희가 십자가에 못 박은 이 예수를 하나님이 주와 그리스도가 되게 하셨느니라 하니라 그들이 이 말을 듣고 마음에 찔려 베드로와 다른 사도들에게 물어 이르되 형제들아 우리가 어찌할꼬 하거늘 베드로가 이르되 너희가 회개하여 각각 예수 그리스도의 이름으로 세례를 받고 죄 사함을 받으라 그리하면 성령의 선물을 받으리니 이 약속은 너희와 너희 자녀와 모든 먼 데 사람 곧 주 우리 하나님이 얼마든지 부르시는 자들에게 하신 것이라 하고 또 여러 말로 확증하며 권하여 이르되 너희가 이 패역한 세대에서 구원을 받으라 하니 그 말을 받은 사람들은 세례를 받으매 이날에 신도의 수가 삼천이나 더하더라 그들이 사도의 가르침을 받아 서로 교제하고 떡을 떼며 오로지 기도

> 하기를 힘쓰니라(행 2:14-42).

말씀 선포 앞에 마음에 찔려, 이를 갈며 귀를 막고 말씀 선포자를 돌로 치는 무리입니다.

성령의 능력은 대단했습니다. 사도들에 의하여 날마다 복음이 선포되었으며, 하루에도 수천 명씩 주님의 품으로 돌아왔습니다. 예수 그리스도의 이름으로 수많은 기적과 이적이 일어났습니다. 그날도 정오에 베드로와 요한이 기도하러 성전에 올라가고 있었습니다. 성전 미문 앞에는 날 때부터 걷지 못하는 한 남자가 날마다 그곳에서 구걸하고 있었습니다.

그는 머리를 숙이고 손을 내민 채 그의 앞으로 걸어오는 베드로와 요한에게 한 푼을 청했습니다. 이를 목격한 베드로와 요한이 그의 앞에 멈춰 서서 자기들을 바라보라고 했습니다. 이에 남자는 무언가 큰 건수가 걸렸나 하고 잔뜩 기대하는 눈빛으로 그들을 올려다봤습니다. 그러자 산도적처럼 생긴 한 남자가 쩌렁쩌렁한 목소리로 이렇게 외쳤습니다.

> 베드로가 이르되 은과 금은 내게 없거니와 내게 있는 이것을 네게 주노니 나사렛 예수 그리스도의 이름으로 일어나 걸으라 하고(행 3:6).

말을 마친 베드로가 남자의 오른손을 잡고 일으켜 세웠습니다. 그러자 남자가 눈을 크게 뜬 채 무언가 큰 힘에 이끌려 벌떡 일어났습니다. 그러고는 믿어지지 않는지 자기의 다리와 사도들을 번갈아 쳐다보며 한참을 망설이다 조심스럽게 발걸음을 옮기더니 급기야 뛰기까지 했습니다. 그리고 그는 하늘을 쳐다보며 하나님을 찬양하기 시작했습니다. 이를 지켜보던 많은 사람이 베드로와 요한을 큰 능력자로 여기고 몰려들기 시작했습니다.

이를 눈치챈 베드로가 군중을 향하여 다급하게 소리쳤습니다.

"지금 여러분들이 생각하는 것처럼 우리들이 능력이 있어서 이 사람을 치료한 것이 아닙니다. 당신들이 주장해서 십자가에 못 박아 죽게 한 하나님의 아들 예수 그리스도의 능력으로 이 사람이 치료된 것입니다. 물론 당신들이 예수 그리스도를 잘 알지 못해서, 실수로 저지른 일인 줄 압니다. 지금이라도 깊이 뉘우치고 회개하십시오. 그리하면 죄 사함을 받을 것입니다. 그리고 당신들도 이런 좋은 경험을 하게 될 것입니다."

이날 베드로의 설교를 듣고 남자만 오천 명이 주님의 품으로 돌아왔습니다. 이 상황을 유심히 지켜보던 백성의 지도자들이 크게 위기감을 느끼고, 일찌감치 그들의 싹수를 잘라 버려야겠다며 의기를 투합했습니다. 그리고 즉시 그들을 잡아 옥에 가두었습니다. 다음날 관리들과 장로와 서기관과 대제사장의 문중이 다 한자리에 모여 사도들을 가운데 세워두고 거세게 몰아붙였습니다.

하지만, 사도들 또한 그들에게 조금도 굴하지 않고 예수 그리스도의 그리스도 됨을 담대히 선포했습니다. 워낙 거세게 도전하는 사도들의 기세에 밀려 당황한 그들은 사도들을 달래기도 하고 윽박지르기도 했습니다.

하지만, 끝까지 사도들이 굽히지 아니하므로 어쩔 수 없었다. 자기들끼리 모여 여러 가지 대처 방법을 찾아봤지만, 사도들을 따르는 백성들의 눈이 무서워 결국 사들을 다시 위협한 후 놓아주었습니다. 감옥에서 풀려난 사도들은 자신들이 예수님을 위하여 능욕 받은 것을 너무나 당연하게 여기며 기쁘게 받아들였습니다.

이것이 성령 받은 사람의 특징입니다(내가 성령의 사람인지 아닌지 확인할 수 있는 확실한 방법은 복음에 대한 목마름과 그리스도로 인한 고난에 반응하는 나의 태도입니다).

사도들이 고난 가운데도 기뻐 뛸 수 있었던 것은 사도들과 함께 계시는 성령님이 기쁜 마음을 주셨기 때문입니다. 사도들은 날마다 집에 있든지, 성전에 있든지 예수는 그리스도라고 가르치기와 전도하기를 쉬지 않았습니다. 이에 따라, 교회가 날로 부흥하면서 많은 사람이 모이다 보니 구제에 대한 불만이 여기저기서 터져 나오기 시작했습니다.

이에 사역의 한계를 절감한 열두 사도는 새롭게 일곱 집사를 뽑아 그들에게 봉사하는 일을 맡기고, 자신들은 전적으로 기도와 말씀 전하는 일에 온 힘을 기울였습니다. 새롭게 선출된 일곱 집사 가운데 믿음이 걸출한 스데반이라는 집사가 있었습니다. 그는 은혜와 권능이 충만하여 많은 사람에게 큰 기사와 표적으로 선한 영향력을 끼쳤습니다.

또한, 그는 지혜와 성령의 능력으로 논쟁에도 뛰어나 누구도 논쟁으로 그를 이길 자가 없었습니다.

이 때문에 스데반과 논쟁을 벌인 이들이 심한 질투와 패배감으로 인해 백성과 유대 지도자들을 충동질시켜 스데반을 모함하여 그를 공회에 잡아들였습니다. 그럼에도 스데반은 당황하거나 두려워하지 않고, 천사와 같은 얼굴로 그들의 잘못된 신앙관을 조목조목 바로잡는 주옥같은 한의 설교를 마친 후 마음에 찔려 광분하는 그들의 돌에 맞아 순교했습니다.

> 그들이 이 말을 듣고 마음에 찔려 그를 향하여 이를 갈거늘(행 7:54).

스데반이 목숨과 바꾼 말씀 내용을 간단명료하게 잘 정리된 주석이 있어서 소개합니다.

> 스데반을 해치려던 거짓 증인들은 그가 성전과 모세의 율법을 모독했다고 비난했다. 이에 스데반은 이스라엘의 역사를 기초로 예수님께서 역사의 완성자이심을 증거하며 참다운 신앙을 서버리고 형식적인 성전 예배와 율법 준수에만 매달려 있는 유대교를 비판했다. 나아가 세상을 위한 하나님의 구원은 유대인들이 죽인 예수님에 의해서만 이루어짐을 선포하며 하나님의 참된 백성들은 예수님을 중심으로 한 참된 예배를 드려야 한다고 주장

했다. 그의 설교는 기독교가 유대교적인 영향에서 벗어나 독립적인 종교로 첫발을 내딛는데 구약으로부터 그 역사적 근거를 제시했다는 점에서 의의가 있다.

당신에게 진리의 유익을 주는 사람은 전에 당신이 몰랐던 정보를 전달하는 사람이 아니라 당신에게 갈등을 주던 진리를 분명히 표현하는 사람이다.

-오스왈드 챔버스

†질문 당신은 두 종류의 사람 중 어떤 유의사람입니까?

20. 구약을 완성하신 예수님(마 5:17)

구약은 신약의 그림자이며 모형입니다. 예수님께서 구약을 폐하러 오신 것이 아니라, 완성하러 오셨다고 말씀하셨습니다.

> 내가 율법이나 선지자를 폐하러 온 줄로 생각하지 말라 폐하러 온 것이 아니요 완전하게 하려 함이라(마 5:17).

그리스도인들의 삶 가운데 구약의 말씀을 액면 그대로 적용하게 되면 여러모로 혼란을 겪게 됩니다. 구약의 말씀을 전하거나 삶에 적용할 때는 신약과 잘 비교해서 적용하는 것이 올바른 방법입니다. 구약의 율법은 우리들이 죄인임을 깨닫게 하며, 그 죄들을 우리 스스로 해결할 수 없음을 알게 하며 예수 그리스도가 필요함을 깨닫게 합니다.

> 그러므로 율법의 행위로 그의 앞에 의롭다 하심을 얻을 육체가 없나니 율법으로는 죄를 깨달음이니라(롬 3:20).

율법의 역할은 우리를 그리스도께로 안내하는 것입니다.

> 이같이 율법이 우리를 그리스도께로 인도하는 초등교사가 되어 우리로 하여금 믿음으로 말미암아 의롭다 함을 얻게 하려 함이라(갈 3:24).

구약은 우리의 죄를 사해 주시겠다는 하나님의 약속이고 신약은 죄 사함의 일을 마무리한다는 증거입니다. 그 약속에다 예수님께서 피로써, 도장을 찍으셨고, 그 사실을 받아들이는 사람의 마음에 인(印)을 치시는 것입니다. 성경은 그 사실을 기록하여 우리에게 떼어 주신 영수증입니다(조지 커팅, 『구원의 확신 그리고 기쁨』, 나침반).

1) 구약과 신약의 비교

(1) 제사
① 구약 시대는 여러 상황에 따라 그 상황에 맞는 제사를 날마다 드렸습니다(참고, 번제, 소제, 속죄제, 속건제, 화제, 요제 등).
② 신약 시대는 예수님께서 자신을 단번에 드려서 구약의 제사를 완성시키셨습니다.

> 그는 저 제사장들이 먼저 자기 죄를 위하고 다음에 백성의 죄를 위하여 날마다 제사 드리는 것과 같이할 필요가 없으니 이는 그가 단번에 자기를 드려 이루셨음이라(히 7:27).

(2) 복

① 구약 시대는 복이 자손의 번성과 물질로 나타나는 경우가 많았습니다.

여호와께서 아브람에게 이르시되 너는 너의 고향과 친척과 아버지의 집을 떠나 내가 네게 보여줄 땅으로 가라 내가 너로 큰 민족을 이루고 네게 복을 주어 네 이름을 창대하게 하리니 너는 복이 될지라 너를 축복하는 자에게는 내가 복을 내리고 너를 저주하는 자에게는 내가 저주하리니 땅의 모든 족속이 너로 말미암아 복을 얻을 것이라 하신지라 (창 12:1-3).

이삭이 그 땅에서 농사하여 그해에 백 배나 얻었고 여호와께서 복을 주시므로 그 사람이 창대하고 왕성하여 마침내 거부가 되어(창 26:12-13).

욥이 그의 친구들을 위하여 기도할 때 여호와께서 욥의 곤경을 돌이키고 여호와께서 욥에게 이전 모든 소유보다 갑절이나 주신지라(욥 42:10).

② 신약 시대는 복이 영적으로 나타납니다.

너희를 위하여 보물을 땅에 쌓아두지 말라 거기는 좀과 동록이 해하며 도둑이 구멍을 뚫고 도둑질하느니라 오직 너희를 위하여 보물을 하늘에 쌓아두라 거기는 좀이나 동록이 해하지 못하며 도둑이 구멍을 뚫지도 못하고 도둑질도 못 하느니라 네 보물이 있는 그곳에는 네 마음도 있느니라(마 6:19-21).

예수께서 이르시되 네가 온전 하고자 할진대 가서 네 소유를 팔아 가난한 자들에게 주라 그리하면 하늘에서 보화가 네게 있으리라 그리고 와서 나를 따르라 하시니 (마 19:21).

(3) 거룩
① 구약 시대에는 부정이 거룩함을 덮는 시대였습니다.

> 어떤 여인이 유출하되 그의 몸에 그의 유출이 피이면 이레 동안 불결하니 그를 만지는 자마다 저녁까지 부정할 것이요(레 15:19).

② 신약 시대는 거룩히 부정을 덮는 시대입니다.

> 열두 해 동안이나 혈루증을 앓는 여자가 예수의 뒤로 와서 그 겉옷 가를 만지니 이는 제 마음에 그 겉옷만 만져도 구원을 받겠다 함이라 예수께서 돌이켜 그를 보시며 이르시되 딸아 안심하라 네 믿음이 너를 구원하였다 하시니 여자가 그 즉시 구원을 받으니라(마 9:20-22).

(4) 성전
① 구약 시대의 성전은 건축물이었습니다.

> 다윗이 그의 아들 솔로몬을 불러 이스라엘 하나님 여호와를 위하여 성전 건축하기를 부탁하여(대상 22:6).

> 이스라엘 자손이 애굽 땅에서 나온 지 사백팔십 년이요. 솔로몬이 이스라엘 왕이 된 지 사년 시브월 곧 둘째 달에 솔로몬이 여호와를 위하여 성전 건축하기를 시작하였더라(왕상 6:1).

② 신약 시대의 성전은 우리 각자의 몸입니다.

너희는 너희가 하나님의 성전인 것과 하나님의 성령이 너희 안에 계시는 것을 알지 못하느냐 누구든지 하나님의 성전을 더럽히면 하나님이 그 사람을 멸하시리라 하나님의 성전은 거룩하니 너희도 그러하니라(고전 3:16-17).

그의 안에서 건물마다 서로 연결하여 주 안에서 성전이 되어 가고 너희도 성령 안에서 하나님이 거하실 처소가 되기 위하여 그리스도 예수 안에서 함께 지어져 가느니라(엡 2:21-22).

(5) 예배
① 구약 시대의 예배는 제사와 예물이었습니다.

여호와께서 회막에서 모세를 부르시고 그에게 말씀하여 이르시되 이스라엘 자손에게 말하여 이르라 너희 중에 누구든지 여호와께 예물을 드리려거든 가축 중에서 소나 양으로 예물을 드릴지니라(레 1:1-2).

② 신약 시대의 예배는 마음과 뜻과 정성을 다한 신령한 영적 예배입니다.

그러므로 형제들아 내가 하나님의 모든 자비하심으로 너희를 권하노니 너희 몸을 하나님이 기뻐하시는 산 제물로 드리라 이는 너희가 드릴 영적 예배니라(롬 12:1).

아버지께 참되게 예배하는 자들은 영과 진리로 예배할 때가 오나니 곧 이때라 아버지께서는 자기에게 이렇게 예배하는 자들을 찾으시느니라 하나님은 영이시니 예배하는 자가 영과 진리로 예배할지니라(요 4:23-24).

(6) 할례

① 구약 시대는 할례가 육체에 이루어졌습니다.

> 너희 중 남자는 다 할례를 받으라 이것이 나와 너희와 너희 후손 사이에 지킬 내 언약이니라 너희는 포피를 베어라 이것이 나와 너희 사이의 언약의 표징이니라 (창 17:10-11).

② 신약 시대의 할례는 마음에 이루어졌습니다.

> 무릇 표면적 유대인이 유대인이 아니요 표면적 육신의 할례가 할례가 아니니라 오직 이면적 유대인이 유대인이며 할례는 마음에 할지니 영에 있고 율법 조문에 있지 아니한 것이라 그 칭찬이 사람에게서가 아니요 다만 하나님에게서니라(롬 2:28-29).

(7) 죄

① 구약 시대는 죄를 지으면 하나님의 심판이 곧바로 임하는 경우가 많았습니다.

> 백성이 호르산에서 출발하여 홍해 길을 따라 에돔 땅을 우회하려 하였다가 길로 말미암아 백성의 마음이 상하니라 백성이 하나님과 모세를 향하여 원망하되 어찌하여 우리를 애굽에서 인도해 내어 이 광야에서 죽게 하는가 이곳에는 먹을 것도 없고 물도 없도다 우리 마음이 이 하찮은 음식을 싫어하노라 하매 여호와께서 불뱀들을 백성 중에 보내어 백성을 물게 하시므로 이스라엘 백성 중에 죽은 자가 많은지라(민 21:4-6).

② 신약 시대는 예수님의 사랑으로 보호받습니다.

주의 약속은 어떤 이들이 더디다고 생각하는 것같이 더딘 것이 아니라 오직 주께서는 너희를 대하여 오래 참으사 아무도 멸망하지 아니하고 다 회개하기에 이르기를 원하시느니라(벧후 3:9).

하나님은 모든 사람이 구원을 받으며 진리를 아는 데에 이르기를 원하시느니라(딤전 2:4).

(8) 만나 주심

① 구약 시대는 하나님께서 의인을 만나주셨습니다.

이것이 노아의 족보니라 노아는 의인이요 당대에 완전한 자라 그는 하나님과 동행하였으며(창 6:9).

이에 성경에 이른바 아브라함이 하나님을 믿으니 이것을 의로 여기셨다는 말씀이 이루어졌고 그는 하나님의 벗이라 칭함을 받았나니(약 2:23).

② 신약 시대는 예수님께서 죄인을 만나주십니다.

너희는 가서 내가 긍휼을 원하고 제사를 원하지 아니하노라 하신 뜻이 무엇인지 배우라 나는 의인을 부르러 온 것이 아니요 죄인을 부르러 왔노라 하시니라(마 9:13).

인자가 온 것은 잃어버린 자를 찾아 구원하려 함이니라(눅 19:10).

2) 구약 시대 하나님 자녀의 삶

(1) 구약 시대는 하나님의 명령과 주신 율법을 잘 이행하면 되었습니다

그 때에 여호와께서 모세에게 이르시되 내가 너희를 위하여 하늘에 양식을 비같이 내리리니 백성이 나가서 일용할 것을 날마다 거둘 것이라 이같이 하여 그들이 내 율법을 준행하나 아니하나 내가 시험하리라(출 16:4).

이 율법책을 네 입에서 떠나지 말게 하며 주야로 그것을 묵상하여 그 안에 기록된 대로 다 지켜 행하라. 그리하면 네 길이 평탄하게 될 것이며 네가 형통하리라(수 1:8).

너는 또 그것을 네 손목에 매어 기호를 삼으며 네 미간에 붙여 표로 삼고 또 네 집 문설주와 바깥 문에 기록할지니라(신 6:8-9).

3) 신약 시대 그리스도인의 삶

(1) 빛과 소금의 삶

너희는 세상의 소금이니 소금이 만일 그 맛을 잃으면 무엇으로 짜게 하리요 후에는 아무 쓸데 없어 다만 밖에 버려져 사람에게 밟힐 뿐이니라 너희는 세상의 빛이라 산 위에 있는 동네가 숨겨지지 못할 것이요 사람이 등불을 켜서 말 아래에 두지 아니하고 등경 위에 두나니 이러므로 집 안 모든 사람에게 비치느니라 이같이 너희 빛이 사람 앞에 비치게 하여 그들로 너희 착한 행실을 보고 하늘에 계신 너희 아버지께 영광을 돌리게 하라(마 5:13-16).

(2) 원수를 사랑하는 삶

또 네 이웃을 사랑하고 네 원수를 미워하라 하였다는 것을 너희가 들었으나 나는 너희에게 이르노니 너희 원수를 사랑하며 너희를 박해하는 자를 위하여 기도하라 (마 5:43-44).

(3) 좁은 문을 선택하는 삶

좁은 문으로 들어가라 멸망으로 인도하는 문은 크고 그 길이 넓어 그리로 들어가는 자가 많고 생명으로 인도하는 문은 좁고 길이 협착하여 찾는 자가 적음이라(마 7:13-14).

(4) 자기를 부인하는 삶

이에 예수께서 제자들에게 이르시되 누구든지 나를 따라오려거든 자기를 부인하고 자기 십자가를 지고 나를 따를 것이니라(마 16:24).

(5) 선 고난 후 영광의 삶

믿음의 주요 또 온전하게 하시는 이인 예수를 바라보자 그는 그 앞에 있는 기쁨을 위하여 십자가를 참으사 부끄러움을 개의치 아니하시더니 하나님 보좌 우편에 앉으셨느니라(히 12:2).

†질문 당신은 어떤 삶을 살고 계십니까?

4) 부모의 역할(마 6:31)

인간은 스스로 선택할 수 있는 자유의지를 가지고 살아갑니다. 하루에도 수십, 수백 번의 선택이 우리를 기다리고 있습니다. 무엇을 먹을까, 무엇을 입을까 하는 작은 고민에서부터 생과 사를 가르는 중차대한 결정까지 선택의 방법은 실로 다양합니다.
그리고 이에 따른 결과 또한 크게 다르게 나타납니다.

> 순간의 선택이 십 년을 좌우한다.

가전제품 선전 문구가 명언처럼 우리들 가슴에 남아 있는 이유도 이 때문일 것입니다.
이에 비추어 볼 때 한 사람의 인생은 선택이란, 퍼즐이 맞춰져서 완성된 것이라고 할 수 있습니다.
선택은 자신의 철학이나 신념 등이 생각이란 장치를 통해서 내려지는 결정이지만, 대부분 사람은 결정 과정에서 시대의 흐름이나 세상의 영향을 많이 받게 됩니다. 이 점을 잘 이용한 대표적인 예가 선전광고입니다. 현대인들은 수많은 선전광고의 홍수 속에서 살아갑니다. 이제 선전광고는 본연의 위치를 넘어서서 세뇌의 수준까지 진화했으며, 온갖 꼼수로 소비자를 현혹합니다.
그리고 대부분 방송이 드라마 등을 통하여 이에 동조하고 있으며, 점점 노골화되어 가고 있습니다. 이러다 보니 현대인들이 내리는 많은 부분의 선택이 제 생각과는 달리 잘 준비되고, 계획된 집단들에 의해 조종될 수밖에 없는 현실이 되어버렸습니다.
옛 속담에 "남이 장에 간다고 하니 거름 지고 나선다"라는 속담이 있습니다. 지금도 주변에서 얼마든지 이런 일들이 일어나고 있습니다. 가장 비숱한 예가 자기의 소견이나 소신 없이 유행을 좇아 살아가는 삶이라 할 수 있습니다. 올바른 선택을 하기 위해서는 매우 신중해야 하지만, 제대로 된 교육이나 훈련 없이 올바른 선택을 하기란 거의 불가능합니다.

그런데 더욱 절망적인 것은 세상 학문은 이미 오래전에 이런 교육에서 손을 놓아 버렸습니다. 이제 참된 교육은 고스란히 우리 그리스도인들의 몫이 되었습니다. 그러기에 마지막 때에 그리스도인들이 해야 할 일들이 날로 많아질 수밖에 없습니다.

> 망령되고 허탄한 신화를 버리고 경건에 이르도록 네 자신을 연단하라 육체의 연단은 약간의 유익이 있으나 경건은 범사에 유익하니 금생과 내생에 약속이 있느니라 (딤전 4:7-8).

또 다른 선택의 예를 들어 보겠습니다.

병에 걸렸을 때 대부분 치료 방법은 의사의 소견이나 지시에 따르지만, 특이하게 환자의 의견을 존중해 주는 병이 있습니다. 바로 암입니다. 물론 담당 의사나 가족 친척 등 다른 이의 조언도 상당한 영향을 미치겠지만, 최종적인 결정은 환자 자신이 내릴 수 있습니다. 환자 가운데 병세가 너무 심해서 치료가 어렵다는 진단 결과가 나와도 환자 자신이 마지막 희망을 걸고 치료를 원할 때 환자의 의견을 존중해 줍니다.

또 다른 환자의 경우 의사가 회복할 가능성이 크다며 치료를 적극적으로 권유해도, 환자 자신이 모든 것을 내려놓고 자기 남은 삶을 먹고 싶은 것 먹고 하고 싶은 일 하면서 살고 싶다고 하면, 이 또한 환자의 의견을 존중해 줄 수밖에 없습니다. 저 같은 경우는 후자를 선택했습니다. 왜냐하면, 저 자신이 몸이 너무 허약해서 항암 치료를 견딜만한 체력이 못 된다고 스스로 판단했기 때문입니다.

이런 경우 어떤 선택이 올바른 선택인지 누구도 알 수 없습니다. 오직 자신이 신중히 생각해서 결정을 내려야 합니다. 저도 가끔 수술 후 항암 치료 받았으면 하는 아쉬운 생각이 들 때가 있습니다(배에 복수가 많이 차서 수술로 제거하지 않을 수 없었음). 그럴 때 저는 내가 내린 결정에 있어, 앞으로 어떤 어려운 일이 닥쳐도 후회하지 않기로 단단히 마음을 다져 먹습니다.

여기서 암 전문가의 조언을 간략하게 소개하겠습니다.

암에 대처하는 방법

대부분 사람은 병원 치료 후 다 나았다고 착각하기 쉽다(수술, 항암 치료, 방사선 치료 등). 그러나 언젠가는 재발한다. 음식, 흡연, 환경 등 암의 원인을 찾아서 대처해야 한다. 암에 대한 특효약은 없다. 걸어 다닐 수 있거나 활동할 수 있을 때가 가장 회복하기 좋을 때다.

그런데 이럴 때 특효약을 찾아다니거나 치료에 매달려서 좋은 시간을 다 놓치는 경우가 많다. 살고 싶다는 욕심 때문에 무리한 모험을 하지 말라. 암을 치료하는 주체는 의사가 아니라, 환자 자신이다(암이 있어도 이길 수 있다면 문제 될 것이 없다).

지금까지 설명한 선택과는 달리, 숨 쉬는 것을 제외한 나머지 모든 것을 부모에게 의존해야 하는 신생아에서부터 대부분의 선택을 스스로 할 수 없는 어린아이까지 다른 사람의 선택을 따라야 하는 때도 있습니다. 하지만, 교육하는 부모의 처지에서 보면 이때가 자녀 교육의 가장 적기입니다.

그러므로 부모의 역할이 어느 때보다 중요한 시기입니다. 어린 자녀는 백지상태에서 자기 인생의 그림을 그려가게 됩니다. 이때 부모가 해야 할 일은 자녀가 인생의 그림을 그려가는 데 있어서 조금 더디더라도, 참고 기다리며 필요한 부분을 잘 관찰해서 성령님같이 도와주는 역할을 해야 합니다.

그런데 부모가 자신이 이루지 못한 꿈이나 자신의 욕심을 채우기 위해 자녀의 꿈을 직접 그리려고 해서는 절대로 안 됩니다. 이렇게 하다 보면, 자녀는 자신의 꿈을 제대로 펼칠 수 없으며 마치 온실에서 자란 화초처럼 나약해져 험한 세상 풍파를 견뎌낼 수 없게 됩니다. 부모가 언제까지 자식을 돌봐줄 수 없다는 사실을 깊이 인식하셔야 합니다. 부모라면 누구도 예외 없이, 겪게 되는 자녀 교육의 시행착오를 사전에 방지해 주는 전문가의 조언이 얼마나 감사한지 모릅니다.

5) 바른 자녀의 교육 방법

첫째, 관찰자의 입장에 서라(아이들이 도와 달라고 원할 때까지 지켜봐 줘라).

둘째, 부모들의 틀에 자녀를 가두지 말라(아이들은 신제품이다. 구제품인 부모의 틀이나 욕심에 가두지 말라. 부모와는 능력이 다름도 알라. 또한, 자녀는 독립적인 인격체이다).

셋째, 한소리 또 하지 말라(아이들의 태도나 언어가 부모의 마음에 들지 않는다고 혼냄의 강도를 높이지 말라. 잘못을 알고 있지 정도로 적당히 넘어가 주어라).

부모가 자녀에게 무조건 고함을 지르거나 혼내게 되면 이성적인 대화가 되지 않으므로 자녀는 부모를 무시하게 된다. 어릴 때는 어쩔 수 없이, 부모 말을 듣는 것 같으나. 머리가 커지면 거세게 반항하게 되며 잘못된 길을 걷게 되는 경우가 많다.

> 또 아비들아, 너희 자녀를 노엽게 하지 말고, 오직 주의 교훈과 훈계로 양육하라 (엡 6:4).

부모는 올바른 자녀 교육을 위해서 자녀와 대화하는 방법을 익히는 것이 필수적입니다. 자녀와 함께 공부하지 않고는 자녀를 올바르게 성장시킬 수 없습니다.

엄마는 TV 삼매경에 빠져있고 아빠는 오락에 정신이 팔려있다면 어떻게 자녀가 올바른 길을 갈 수 있겠습니까?

자녀는 부모의 거울입니다.

문제의 부모는 있어도 문제의 자녀는 없다고 하지 않습니까?

자녀가 성장했을 때 대부분 자녀는 지금의 부모처럼 생각하고 행동하며 살아갈 것입니다. 자기 자녀를 바르게 성장시키고 싶다면 부모가 먼저 솔선수범해야 합니다.

> 모든 성경은 하나님의 감동으로 된 것으로 교훈과 책망과 바르게 함과 의로 교육하기에 유익하니 이는 하나님의 사람으로 온전하게 하며 모든 선한 일을 행할 능력을 갖추게 하려 함이라(딤후 3:16-17).

인간의 힘으로는 도저히 통제할 수 없는 어쩔 수 없는 선택도 있습니다. 성경 말씀에 보면 예수님께서 산상 설교에서 제자들에게 가르쳐주신 주기도문이 소개됩니다. 주기도문은 비록 짧은 내용이지만, 이 짧은 내용 속에 기도의 진수를 담고 있습니다. 예수님께서 가르쳐주신 주기도문을 살펴보면

"우리를 시험에 들게 마시옵시고 다만 악에서 구하시옵소서"라고 간구의 기도를 제자들에게 가르쳐 주셨습니다.

예수님이 가르쳐 주신 기도 제목처럼, 세상은 온통 위험으로 가득 차 있습니다. 갑자기 닥치는 홍수나 지진 같은 천재지변에서부터 불의의 비행기 사고, 선박 사고, 자동차 사고 등 생각조차 하기 싫은 끔찍한 사건 사고들이 호시탐탐 우리를 노리고 있습니다.

거기다가 온갖 유혹의 덫과 올무가 우리와 우리 자녀들의 발목을 잡으려고 잔뜩 벼르고 있으며, 인간이 정복하지 못한 불치의 질병들까지 가세해서 우리를 더욱 두려움에 떨게 합니다. 하나님의 보호하심과 인도하심이 없이는 이런 시험과 악에서 벗어날 길은 없습니다.

> 여호와께서 그들 앞에서 가시며 낮에는 구름 기둥으로 인도하시고 밤에는 불기둥으로 그들에게 비추사 낮이나 밤이나 진행하게 하시니 낮에는 구름 기둥 밤에는 불기둥이 백성 앞에서 떠나지 아니하니라(출 13:21-22).

신약 시대에는 하나님께서 이런 현상은 보이시지 않지만, 성령 하나님께서 직접 우리 마음에 찾아오셔서 한 사람 한 사람 친히 인도하십니다. 우리는 하나님의 나라가 완전히 세워질 때까지 하나님의 법을 잘 지켜 갈 수 있도록 쉬지 않고 이 기도를 계속해야 합니다.

> 하늘에 계신 우리 아버지여
> 이름이 거룩히 여김을 받으시오며 나라가 임하시오며
> 뜻이 하늘에서 이루어진 것 같이 땅에서도 이루어지이다
> 오늘 우리에게 일용할 양식을 주시옵고
> 우리가 우리에게 죄지은 자를 사하여 준 것같이
> 우리 죄를 사하여 주시옵고
> 우리를 시험에 들게 하지 마시옵고
> 다만 악에서 구하시옵소서
> 나라와 권세와 영광이
> 아버지께 영원히 있사옵나이다
> 아멘

제 생각과 의지와는 상관없이 전혀 다른 길을 선택한 저의 얘기를 좀 더 하겠습니다. 저는 젊은 시절 판매원으로 많은 사람을 만나는 직업을 가지고 있었습니다. 그런데 2003년 가을쯤에 저의 건강에 심각한 이상이 생겼습니다. 갑자기 온몸에 힘이 빠지고 무기력해져서 더 이상 영업 활동을 할 수 없게 되었습니다.

예전에도 이와 비슷한 일이 있어서 여러 병원을 찾아다녔지만, 병의 원인을 알지 못하다 저절로 회복된 적이 있었습니다. 과거에도 이런 일이 있다 보니, 이번에도 쉬면서 기다리면 회복될 것이라고 쉽게 생각했습니다. 하지만, 지금 생각해 보면. 이 당시 이미 저의 몸에 대장암이 발병했던 것으로 보입니다.

암에도 빠르게 진행하는 암과 느리게 진행하는 암이 있다고 합니다. 저 같은 경우는 대장암 중에서 진행 속도가 매우 느린 가성점액종 암이란 사실을 최근 검사 결과 알게 되었습니다. 그래서 암이 발병한 햇수가 궁금해서 곰곰이 따져보니, 짧게는 15년 길게는 20년 이상 된 것으로 추정됩니다.

제가 몸에 이상을 느끼기 시작했던 2003년 당시 저희 아버지께서도 오랫동안 파킨슨병으로 고생하고 계셨습니다. 그런 가운데 2004년도쯤에 아버지께서 약물 과다복용으로 정신이상 증세를 보이면서 어머니를 심하게 괴롭히기 시작했습니다. 생명의 위험을 느낀 어머니께서 뒤늦게 자녀인 우리 삼 남매에게 도움을 요청하면서 처음 이 사실을 알게 되었습니다.

설마 하는 마음으로, 우리 삼 남매가 그동안의 일들을 확인해 본 결과, 상황이 매우 심각함을 알 수 있었습니다. 그렇다고 아버지를 남 대하듯 할 수 없어서, 어머니와 우리 삼 남매가 의논 끝에 내린 결론은 여동생과 친분이 있는 믿음 좋은 여전도사님과 그의 일행을 부모님 가정에 초청해서 아버지를 위해 치유 기도를 드리기로 뜻을 모았습니다.

저는 모태신앙이었지만, 두 동생과는 달리 무늬만 교인이었지 믿음과는 전혀 거리가 먼 삶을 살고 있었습니다. 이런 저로서는 기도의 자리가 불편했지만, 자식 된 도리를 다하기 위해 어쩔 수 없이, 기도의 자리에 참석했습니다. 기도가 시작되자, 전도사님께서 아버지를 방 한가운데 앉히고 전도사님 일행과 우리 가족이 아버지를 중심으로 둘러서서, 아버지의 어깨와 등에 손을 얹고 통성으로 기도하기 시작했습니다.

전도사님이 열심히 인도하는 가운데 모두가 뜨겁게 기도했지만, 아버지는 두 눈을 감은 채, 지병으로 몸만 약간씩 떨 뿐 전혀 반응을 보이지 않았습니다. 안타까운 마음에 몇 번을 더 기도했지만, 결과는 마찬가지였습니다. 몹시 실망한 채, 집으로 돌아온 저는 더 이상 망설일 필요 없이 아버지를 내일이라도 당장 정신병원에 입원시켜야겠다고 마음을 먹었습니다.

하지만, 이 일은 저 혼자 힘으로 결정할 수 있는 일이 아니었기에, 우선 저의 뜻을 가족들에게 알려서 동의를 얻으려고 하던 중에, 여동생으로부터 먼저 연락이 왔습니다. 그리고 하는 말이 자신이 알고 있는 여선교사님 한 분을 초청해서, 아버지를 위해 다시 한번 치유 기도를 드리자는 것이었습니다.

저는 난색을 보였지만, 다른 가족이 여동생의 의견에 수긍하는 눈치여서 저의 의견은 입 밖에도 못 내보고, 가족의 뜻을 따를 수밖에 없었습니다. 제가 사는 대구는 경상도 지역 가운데서도 가장 보수적인 도시로 알려져 있으며 지금도 기도원 강단에 여목사님을 세우지 않는 전통을 고수하고 있습니다.

그런데 이번에 부모님 집으로 초청한 '이 순' 선교사님은 혼자의 몸으로 평생을 아프리카 선교를 위해 헌신하고 계시며, 여목사님으로는 유일하게 일 년에 두 번 고국에 오셔서 가장 많은 성도가 모이는 여름, 겨울 방학철에 집회를 인도하시는 명성 있는 분이셨습니다.

이번 저희 가정에 '이 순' 선교사님을 소개해 주신 분은 지난번 기도 모임을 인도하셨던 여전도사님이셨는데 아마 여전도사님께서는 지난번 자신이 인도했던 기도 모임에서 기대했던 만큼 좋은 결과를 얻지 못한 데 대한 아쉬운 마음이 컸던 모양입니다.

　이 순 선교사님은 명성만큼이나 바쁜 분이셔서 선교사님이 부모님 집으로 오시기로 한 날 여전도사님 일행과 우리 가족이 먼저 모여서 미리 예배를 준비하고 있었습니다. 약속 시각에 맞춰 도착한 선교사님은 잠시 제 가족과 인사를 나눈 뒤 바로 예배를 인도하셨습니다.

　선교사님은 작은 키에 속했지만, 당당한 체구를 가지셨으며 무엇보다 믿음에 대한 확신이 남달리 느껴졌습니다. 선교사님은 자리에 서서 예배를 인도하셨으며, 나머지 분들은 선교사님을 향해 둥글게 모여 앉았습니다. 그렇게 한참 예배를 인도하시던 선교사님께서 갑자기 아버지를 향해, 단도직입적으로 질문을 하셨습니다.

　"장로님, 장로님은 천국 갈 자신 있으세요?"

　갑작스러운 질문에, 당황하신 아버지께서 머뭇거리시자, 재차 물으셨습니다.

　"아니 장로님 마음속에 지금 예수님이 계신가요?"

　조금도 틈을 주지 않고, 계속되는 선교사님의 질문 공세에 더욱 당황하신 아버지께서 들릴 듯 말 듯 한 목소리로 자신 없게 대답하셨습니다.

　"방금까지 예수님이 내 마음속에 계셨는데 내가 화를 내는 바람에 지금은 잠시 자리를 비우신 것 같습니다."

　그러자 선교사님께서 아버지를 향해 그런 마음 상태로는 천국에 갈 수 없다며, 크게 나무라셨습니다.

　한동안, 힘없이 앉아 계시던 아버지께서 갑자기 화장실에 가고 싶다며 혼자 일어나 가셨습니다. 계속해서 같은 질문이 어머니께 이어졌으며 어머니는 "아멘"하고 화답했습니다. 다음은 제 차례였습니다. 아니나 다를까 선교사님께서 아버지를 쏘아보던 그 눈초리로 저를 쏘아보며 "집사님 천국 갈 자신 있으세요?"라고 물으셨습니다.

저는 누구보다 저 자신을 잘 알고 있기에 선교사님의 날카로운 질문에도 당황하지 않고 못 간다고 자신 있게 대답했습니다. 그 순간 오래된 죄를 고백한 것처럼 갑자기 마음이 후련해졌습니다. 하지만, 저의 마음과는 달리 선교사님의 매서운 질책이 쏟아졌습니다.

"집사님 왜 그렇게 사세요?

그렇게 살면 안 됩니다. 그리고 방황하지 말고 지금 나가시는 교회 열심히 섬기세요."

당시, 저는 다니던 교회를 떠나 출석할 교회를 찾던 중에 남동생의 인도로 대구 내일교회에 등록도 미룬 채 출석하고 있을 때였습니다. 그런데 초면인 선교사님께서 어떻게 저의 사정을 속속들이 파악하고 계셨는지 아직도 저에게는 수수께끼로 남아있습니다.

계속해서 선교사님께서 저의 동생들과 전도사님 일행에게도 같은 질문을 하셨는데 모두 "아멘" "아멘" 하고 자신 있게 대답했습니다.

저는 이들이 보이는 확신에 찬 자신감이 도대체, 어디서 오는 자신감인지 무척 궁금했습니다. 말씀을 마친 선교사님께서 아버지를 위한 기도를 드리기 전에, 먼저 "주여!" 삼창 후 지난날 자기 잘못을 회개하는 통성기도부터 하나님께 드리자고 제안하셨습니다. 저는 아무 생각 없이 선교사님이 시키는 대로 무릎을 꿇고 두 손을 든 채, 옆 사람이 하는 대로 "주여!" 하고 소리를 질렀습니다.

그 순간 저에게 이상한 일이 일어났습니다. 갑자기 혀가 마취 주사를 맞은 것처럼 뻣뻣하게 마비되면서 알아들을 수 없는 이상한 말들이 입에서 튀어나오기 시작했습니다.

그리고 특별히 무엇을 회개하지도 않았는데 저의 눈에서는 쉴 새 없이 눈물이 쏟아져 내렸습니다. 저의 얼굴이 얼마나 눈물과 콧물로 범벅이 되었던지 선교사님이 휴지를 가져다가 저의 앞에 놓아주었습니다. 그렇게 한참을 울다가, 따가운 시선이 느껴져 퉁퉁 부은 눈으로 옆을 바라보니 화장실에 간다며 나가셨던 아버지께서 언제 들어오셨는지 저를 뚫어지게 쳐다보고 계셨습니다.

그러면서 하시는 말씀이, 내가 받아야 할 은혜를 네가 다 받았다고 하시며 몹시 부러워하셨습니다. 저는 선교사님이 떠나신 후에도 밀려오는 감격을 주체할 수 없어서, 한참을 더 엎드려 울다가 밤이 늦어서야 집으로 돌아왔습니다. 이날을 계기로 저의 삶은 완전히 달라졌습니다. 우선, 제 주위에 나쁜 물건이나 세상의 것들은 모두 정리했습니다. 그리고 예배의 자리에 적극적으로 참석하기 시작했으며, 소그룹 모임에도 열심히 참여했습니다.

그런데 언제부턴가 전도가 너무 하고 싶어서 제 교회 주력 전도대인 로이모스 전도대에 등록했습니다. 전도 모임이 있는 날, 설레는 마음으로 모임에 참석해 보니 많은 전도 대원 가운데 남은 사람은 남자 장로님 한 분과 저 단 두 명밖에 없었습니다.

아주 어색했지만, 열심을 다 해 섬기던 중에 교회 내 또 다른 전도대인 지하철 전도대가 있다는 사실을 알고, 로이모스 전도대 담당 목사님께 양해를 구한 후 지하철 전도대로 자리를 옮겼습니다.

지하철 전도대로 옮긴 저는 지하철 입구에 파라솔을 설치하고, 찬 음료를 준비해 지나가는 시민들과 택시 기사분들에게 복음을 전했습니다. 그리고 가끔 지하철을 타고, 마지막 역까지 오가며 복음을 전하기도 했습니다. 하지만, 이 당시 저는 전도에 대한 열정만 앞섰지, 전도에 대한 지식은 거의 갖추지 못했습니다.

그래서 우선 가까운 가족 친척들을 전도하기로 마음을 먹었습니다. 또 가까운 친척 중에서도 먼저 연로하신 분들에게 복음을 전하기로 계획을 세웠습니다. 가장 먼저 떠오른 분은 처외삼촌이었습니다. 처외삼촌은 노환으로 오랫동안 병원에 입원해 계셨으며, 움직이지도 말도 하지 못하고 오직 엄지와 검지만으로 의사소통할 수 있었습니다.

저는 처외삼촌을 전도하기로 마음을 정하고, 아내와 함께 처외삼촌이 입원해 계시는 병원으로 한걸음에 달려갔습니다. 병원에 도착해서 처외삼촌이 입원해 계시는 병실을 찾아 조용히 문을 열고 들어가 보니, 처외삼촌은 마치 요람에 누워있는 갓난아기같이 왜소한 모습으로 병실 맨 안쪽 창문 곁에 누워계셨습니다.

아내와 함께 저는 조심스럽게 침대 곁으로 다가가 보니 눈을 크게 뜬 채 천장을 뚫어지게 응시하고 있었습니다. 놀라실까 봐 조심스럽게 처외삼촌의 손을 잡고 저희를 알아보시겠냐고 여쭤보았습니다.

그러자 처외삼촌께서 저희 부부에게 시선을 고정한 채 한참을 바라보다가 천천히 검지와 엄지손가락을 동그랗게 해 보였습니다. 기쁜 마음에 찬송을 불러 드려도 괜찮겠냐고 여쭤보았더니 조금도 망설임 없이 손가락을 동그랗게 해 보였습니다. 저는 아내와 함께 뜨거운 마음으로 찬송가 279장 <인애하신 구세주여>를 불러드렸습니다.

그리고 처외삼촌에게 예수 그리스도의 십자가 복음과 영접 기도에 관해 설명해 드린 후 예수님을 영접하시겠냐고 여쭤보니 기다렸다는 듯이 엄지와 검지를 동그랗게 말아 보이셨습니다. 제가 은혜받고 개인적으로는 처음으로 다른 사람을 하나님께 인도하는 영광된 순간이었습니다. 저는 이 일을 계기로, 전도에 대한 열정과 관심이 날로 더해갔습니다.

그런 가운데 담임목사님으로부터 내일교회 창립 25주년 기념행사로 초대 전도왕을 뽑는다는 발표가 있었습니다. 초대 전도왕을 뽑는 방법은 발표한 날로부터 7주 뒤인 11월 21일 주일을 '특별 행복 축제 주일'로 정하고 7주간 태신자를 품고 전도해서 행복 축제 주일날 가장 많은 태신자를 초청한 교인을 내일교회 초대 전도왕으로 뽑는다는 것이었습니다.

초대 전도왕이란 타이틀에 매력을 느낀 교인들이 알게 모르게 술렁이기 시작했습니다. 이때까지만 해도 담임목사님을 비롯한 여러 교역자분과 삼천여 명의 교인들 가운데 몸이 아파 예배 참석도 힘들어하는 저를 눈여겨

보는 교인은 아무도 없었습니다. 저 역시 누구보다 저 자신을 잘 알고 있기에 모든 것을 내려놓고, 오직 가족 친척 전도에만 집중하다 보니 초대 전도왕 타이틀은 저에게 아무런 관심의 대상이 되지 못했습니다. 그러다 보니 전도에 주어진 7주 가운데 4주를 무의미하게 흘려보냈습니다.

그런데 예배 시간을 통하여 독려하시는 담임 목사님의 전도에 대한 열의는 제 생각을 완전히 뛰어넘었습니다. 전도 주일을 몇 주 앞두고부터 교회 벽면과 창문 그리고 계단 사이를 온통 전도를 독려하는 문구들로 도배를 했습니다. 담임목사님의 뜨거운 열의에 저도 더 이상 남의 일 보듯 할 수 없게 되었습니다.

그렇지만, 막상 전도하려고 해도 마땅히 찾아갈 곳이 없어서 한참을 궁리한 끝에, 늘 부부가 함께 일하고 있는 동네 세탁소를 찾아가기로 마음을 먹었습니다.

그냥 가려니 어색해서 옷장을 뒤져 몇 가지 세탁물을 손에 들고 세탁소를 찾았습니다. 세탁소의 광경은 여느 때와 다름없이 부부가 함께 열심히 세탁 일을 하고 있었습니다. 막상 용기를 내어 세탁소 문을 열고 들어갔지만, 말도 꺼내지 못하고 세탁물만 맡긴 채 도망치듯 세탁소를 나오고 말았습니다. 그래도 영업으로 잔뼈가 굵은 저로서는 무척 자존심이 상한 하루였습니다.

다음날 실의에 빠진 저에게 남동생으로부터 한 통의 전화가 걸려 왔습니다. 동생이 전하는 말에 의하면 -제수씨가 금요 철야 기도회 때 기도 중에 성령님께서 제수 씨 마음에 감동을 주시길- 이번 전도대회 때 전 집사가 많은 활동을 할 텐데. 활동비와 선물 구매 비용을 도와주라고 말씀하셨다는 것이었습니다.

그러면서 통장 계좌 번호를 가르쳐 달라고 했습니다. 동생으로부터 이 말을 듣는 순간 얼른 드는 생각이 내가 몸이 아파 쉬고 있으니, 생활이 어려울 것으로 생각해서 형 자존심을 상하지 않게 도와주려고 그러나 보다 하고 동생의 성의를 시큰둥하게 받아들였습니다.

　그러자 동생이 정색하면서 자기들이 축복받기 위해서라도 형님께 꼭 활동비를 보내 드려야겠다며 목소리 톤을 높였습니다. 동생과 통화를 끝내고 곰곰이 생각해 보니, 어제 도망치듯 세탁소를 나와서 아쉬운 마음에 몇 군데 더 찾아다녔지만, 무언가 빠진 듯한 기분이 들어서 그냥 집으로 돌아온 기억이 떠올랐습니다.

　그제야 왜 교회에서 전도 선물을 대량으로 사서 교인들에게 유상으로 공급해 주는지 비로소 알 것 같았습니다. 저는 그때부터 지금까지 전도를 위해 누군가를 만날 때는 작은 선물이라도 꼭 챙겼습니다. 왜냐하면 선물은 상대의 마음 문을 여는 가장 좋은 방법임을 알았기 때문입니다.

　며칠 뒤, 동생 부부로부터 전도 비용을 송금받은 저는 가장 먼저 교회로 가서 전도용 사각 티슈와 행복 축제 때 초청할 태신자를 위해 교회 식당에서 식권도 함께 구매했습니다.

　그리고 사각 티슈 세 통을 쇼핑백에 담아 지난주 방문해서 말도 제대로 하지 못하고 돌아서 나온 동네 세탁소를 다시 찾아갔습니다. 지난번 세탁소를 방문했을 때와 다른 점이 있다면 오늘은 작은 선물을 손에 들었을 뿐인데 저의 용기는 하늘을 찌를 듯했습니다.

　저에게 티슈를 선물 받은 세탁소 주인도 무척 기뻐하며, 자기도 친척 중에 목사님이 계셔서 젊은 시절에는 교회를 다녔는데 결혼 후 세탁소를 운영하면서 바쁘게 생활하다 보니 교회를 멀리하게 되었다며 앞으로 시간이 되면 교회 한번 참석해 보겠다며 긍정적인 반응을 보였습니다.

　세탁소 주인과의 대화에서 용기를 얻은 저는 가족, 친척, 친구, 직장동료 등을 대상으로 명단을 작성해서, 남은 20일 동안 몸이 아픈 것도 잊은 채 열심히 뛰어다녔습니다.

　그러다 보니, 하루하루는 힘들었지만 남은 20일은 빠르게 지나갔습니다. '1121 행복 전도 축제' 하루 전날인 토요일 저녁에 친구 사무실에서의 전도를 마지막으로 모든 일정을 마쳤습니다. 홀가분한 마음으로 집에 돌아온 저는 내일의 결과를 기다리며 설레는 마음으로 잠을 청했습니다.

그리고 그해 마지막 날 전도 시상식에서 '1121 행복 전도 축제' 주일날 25명을 교회로 초청한 저는 내일교회 초대 전도왕으로 뽑혀서 많은 교인의 축하 박수 속에 영광된 시상식 자리에서 있었습니다.

그리고 다음 날, 지독한 몸살감기로 2주간 교회 출석도 못 한 채 심하게 앓아누웠습니다. 한동안 많이 힘들었지만, 가족들의 따뜻한 보살핌으로 겨우 정신을 차린 저는 지난해 전도왕이 되었다는 기쁨보다 아쉬움이 더 컸습니다. 그래서 혼자 마음속으로 다짐했습니다.

'2005년도에는 주위 친분 있는 분들만 찾아가는 전도에서 벗어나 모르는 사람들을 전도해서 교회로 데려올 뿐 아니라, 전도법도 개발해서 다른 사람에게 전수해 주는 제대로 된 전도 일꾼이 되자.'

어느 날 라디오 방송을 듣다가 제가 사는 대구가 전국 대도시 가운데 복음률이 가장 낮다는 발표를 듣고 충격을 받은 저는 그 자리에서 하나님께 제가 대구 성시화에 앞장서겠다고 서원했습니다. 하지만, 마음만 앞섰지, 방법을 몰라 혼자 속만 태우고 있었습니다.

'그런데 도대체 어떻게 전도를 하지?'

전도 방법을 전혀 모르니 새로운 전도대상자를 찾지 못하고 '1121 행복 전도 축제' 때 이미 교회에 초청한 분을 대상으로 전도하고 관리하는 것 외에 방법이 없었습니다. 그렇게 답답한 시간을 보내는 가운데 제게 제대로 전도에 헌신할 수 있는 결정적 계기가 찾아왔습니다.

어느 날 우연히 기독교 TV를 켰는데 울산 어느 중학교 여선생님 한 분을 소개하고 있었습니다. 그 내용을 보던 여선생님이 자신이 근무하는 학교 학생들에게 헌신적으로 복음을 전했는데 몇 년 사이에 교내 모든 불량 서클이 없어지고, 대신 기독교 서클이 생겨났으며 많은 학생이 예수님을 영접했을 뿐만 아니라, 이 중학교가 도내 우수 중학교로 선정되어 다른 학교에 모범이 되고 있다는 내용이었습니다.

그리고 TV를 통해서 비치는 학생들의 밝은 표정을 보면서, 스승의 힘이 얼마나 세고 위대하다는 사실을 새삼 알게 된 저는 대구 성시화를 위해서 학교 선생님들을 대상으로 전도를 시작하기로 했습니다. 제가 영업 활동하면서 학교 선생님들과도 많은 교제가 있어서, 비교적 학교 생리를 잘 알고 있었습니다. 대부분 중·고등학교 선생님들은 교무실에 모여서 업무를 보셨지만, 초등학교 선생님들은 개인적으로 자신의 반에서 업무를 보는 경우가 많았습니다.

그래서 먼저 교제가 수월한 초등학교 선생님들을 대상으로 복음을 전하기로 계획을 세웠습니다. 그리고 2005년 3월 신학기부터 초등학교 전도를 시작했습니다. 저는 처음 학교 전도를 시작했을 때 금방이라도 전도에 헌신할 선생님이 나타나 학교 전도에 불을 활활 붙일 것으로 기대했지만 마음과는 달리 현실은 그리 호락호락하지 않았습니다.

이에 잔뜩 실망한 저는 몇 번이나 학교 전도를 포기하려고 마음을 먹다가 다시 한번 힘을 내어 선생님들을 만나러 다녔습니다.

그렇게 힘들게 복음을 전하는 가운데 교실에서 예수님을 영접하는 선생님도 계셨지만, 이분들에게 당장 열매를 기대한다는 것은 아무래도 무리라는 사실을 시간이 갈수록 조금씩 깨닫기 시작했습니다. 그날도 다소 무거운 마음을 안고 선생님들을 만나기 위해 교문을 들어서는데, 운동장에서 놀고 있던 한 아이가 저에게 인사를 했습니다. 기특한 마음에 반갑게 아이의 인사를 받아 주며 저도 모르게 아이에게 장래 꿈을 물어보았습니다.

그러자 아이가 잠시 망설이더니 자기는 꿈이 없다고 대답했습니다. 안타까운 마음에 아이의 손에 전도지를 쥐어 주며, 하나님께 꿈을 달라고 열심히 기도하면 하나님이 꼭 꿈을 주실 테니 오늘부터 하나님께 꿈을 달라고 기도하고, 교회에 다니는 친구에게 부탁해서 함께 교회에 다니라고 일러주었습니다. 아이와 헤어져 교실을 향해 걸어가는데 앞에서 두 명의 남자아이가 걸어오고 있었습니다. 자연스럽게 아이들 곁으로 다가가 학년을 물어보며 말을 건넨 뒤, 아이들에게 장래 꿈을 질문했습니다.

그러자 한 아이는 의사가 꿈이며 다른 아이는 공무원이 꿈이라고 대답했습니다. 저는 아이들에게 하나님을 믿으면 하나님께서 반드시 너희들의 꿈을 이루어 주신다고 격려하며 하나님을 믿었던 훌륭한 위인들을 각자 아이들에게 소개해 주었습니다. 이때 두 아이가 보이는 반응은 대부분 어른이 보이는 반응과는 달리 매우 진지하게 받아들였습니다.

아이들과 좀 더 시간을 보내고 싶었지만, 애써 참고 전도할 선생님을 찾아다니다 3학년 교실에서 나이가 지긋하신 남자 선생님을 만났습니다. 선생님과 대화 가운데 자신은 고등학교 때까지 교회를 다녔는데 지금은 부인을 따라 절에 다닌다며 복음에 관심을 보이셨습니다. 저는 선생님께 뜨겁게 복음을 전한 후 교회로 인도하려고 최선을 다했지만, 안타깝게도 다음을 미루었습니다.

선생님 대부분은 누가 자신을 가르치려고 하거나 강요하는 것을 아주 싫어하는 경향이 있어서 아쉬움은 많이 남았지만, 다음을 기약하며 돌아서 나올 수밖에 없었습니다. 다음날도 같은 학교를 방문해서 이번에는 1학년 교실에서 환경 정리를 하는 여선생님 한 분을 만났습니다. 여선생님께 제가 방문한 이유를 말씀드리고, 교회 다녀본 적이 있느냐고 여쭤보니 몇 번 가본 적이 있다고 대답했습니다.

저는 선생님께 양해를 구한 뒤, 예수 그리스도의 십자가 복음을 상세히 전해드린 다음 영접 기도 드릴 것을 제안했습니다. 그러자 선생님께서 잠시 망설이다 승낙하셔서 함께 영접 기도를 드린 후, 우리 교회로 인도하려고 의사를 알아보니 자기는 가까운 교회 다니겠다며 완곡히 거절하셨습니다.

이에 크게 실망한 저는 더 이상 설득을 포기하고, 교실을 나오고 말았습니다. 돌을 한 포대나 짊어진 듯 무거운 마음을 안고 교문 밖으로 나오는데 교문 앞에 혼자 놀고 있는 아이가 눈에 들어와 무심코 복음을 전했는데 이 아이가 복음에 관심을 보이며, 자기는 천국에 가기 위해 날마다 집에서 가슴에 십자가를 긋는다고 말했습니다.

  아이의 말이 너무 기특해서 가까이 불러 세워 놓고 아이의 눈높이에 맞게 예수 그리스도의 십자가 복음을 전한 후 아이와 함께 뜨겁게 영접 기도를 드렸습니다. 이 광경을 신기하게 바라보며, 주위에 모여드는 아이들에게도 복음을 전했습니다. 아이들이 마치 스펀지가 물을 빨아들이듯 복음을 받아들이는 모습을 제 눈으로 똑똑히 확인하는 순간 이 아이들을 다른 사람의 손에 맡길 것이 아니라, 내가 직접 아이들에게 복음을 전하기로 결심했습니다.

  그리고 당장 다음날부터, 교문 앞에서 수업을 마치고 집으로 돌아가는 아이들을 대상으로 복음을 전하기 시작했습니다. 처음엔 시행착오도 많이 겪었지만, 이에 굴하지 않고 계속해서 전도 현장에서 아이들과 만나다 보니 시간이 갈수록 조금씩 적응되어 갔습니다. 제가 초등학교 아이들에게 복음을 전하면서 무엇보다 절실히 필요했던 것은 저학년과 고학년의 특성에 맞게 제작된 전도지였습니다.

  교회에 문의해봐도, 특별히 준비된 것이 없어서 직접 기독교용품점을 찾아가 그때그때 필요한 만큼 구매해서 사용했습니다.

  그런 어느 날 저의 전도하는 모습을 주의 깊게 지켜보던 장로님 한 분이 저를 찾아와 어린이 전도에 필요한 전도 용지 보기를 달라고 하셨습니다. 전도 용지를 여러 장을 챙겨드렸더니, 장로님이 직접 인쇄소에 가셔서 자비를 들여 한 번에 수천 장씩, 두 번에 걸쳐 저에게 큰 도움을 주셨습니다. 이에 용기를 얻은 저는 학교 전도에 더욱 열심을 다했습니다.

유치원생이나 저학년은 일찍 수업을 마치므로, 오전에 먼저 복음을 전한 후 집으로 돌아와 점심을 먹고 잠시 휴식을 취한 뒤 다시 학교 앞으로 가서 오후 수업을 마치고 집으로 돌아가는 고학년 아이들을 불러 모아놓고 복음을 전했습니다. 그리고 복음을 들은 아이들 가운데 교회에 다니는 아이를 찾아서, 같이 복음을 들은 아이들을 자기 교회로 인도하도록 조처했습니다. 이렇게 하다 보면 상당한 시간이 소요될 뿐 아니라, 처음부터 쉽게 할 수 있는 전도 방법은 아니었습니다.

하지만, 오랜 현장 경험을 통하여 제대로 된 어린이 전도법이 개발되면서부터 가능한 일이었습니다. 가끔 전도 분위기가 너무 뜨거워져 방금 복음을 들은 아이들이 한 번 더, 복음을 들으려고 자리를 지키고 있기도 했습니다. 그럴 때는 새로운 아이들에게 복음을 전하기 위해 복음을 들은 아이들을 힘겹게 집으로 돌려보낸 적도 한두 번이 아니었습니다.

그런 가운데 어른 전도도 게을리하지 않았습니다. 가족이나 친척 또는 '1121 행복 전도 축제' 때 교회로 초청한 분들에게 자주 전화를 드리거나 찾아가서 교제를 나누었으며, 길을 가다가 사람들이 모여 있으면 전도지를 나눠주며 복음을 전했습니다. 그리고 초등학생 전도 중에 잠시 시간이 나면 초등학교 앞을 지나다니는 중고등학생들에게도 복음을 전했으며, 아쉬운 마음에 중·고등학생 전도법을 개발해서 직접 중·고등학교를 찾아다니며 복음을 전하기도 했습니다. 그래도 저는 늘 영적으로 배가 고팠습니다.

그런 가운데 그해 8월 중순 즈음 제가 17년간 영업 활동을 하면서 갈고닦은 경험을 토대로 단체 전도를 시작할 좋은 계기가 찾아왔습니다. 그날도 치료차 남동생이 운영하는 한의원을 찾았습니다. 그러다가 지역 복지관을 통하여 매월 1회씩 무료 침 치료를 받는 10여 명의 할머니를 만났습니다. 이전에, 한번 동생한테서 들은 적은 있지만, 할머니들을 직접 만나기는 이번이 처음이었습니다.

그렇지 않아도 올해부터 하나님을 전혀 모르는 사람들을 한 번이라도 교회로 인도해서 제대로 하나님을 알려 드리는 것이 저의 계획 가운데 하나였습니다. 이 전도법은 관계 전도 또는 씨뿌리는 전도라 할 수 있으며 그 중요성은 다음 장에서 소개하겠습니다.

침 치료를 마친 할머니들에게 저의 의사를 말씀드렸더니 매우 긍정적인 반응을 보이셨습니다. 할머니들을 차로 모시고 온 기사분에게 복지관 담당자 연락처를 받았고, 다음날 복지관 사무실에서 담당자를 만났습니다. 이때 담당자에게 신뢰를 심어주는 것이 무엇보다 중요하므로, 담당자와 상담 중에 세 가지를 약속했습니다.

첫째, 할머니들을 교회에서 직접 모셔가고 모셔다드리기
둘째, 교회에서 맛있는 점심 대접하기
셋째, 교회에서 푸짐한 선물 드리기

저의 세 가지 약속에 복지관 담당자도 매우 만족해하며 2주 뒤 주일로 날짜를 잡아 주었습니다. 그럼 이쯤에서 전도 선물에 관하여 잠깐 짚고 넘어가겠습니다. 왜냐하면 전도하는데 굳이 선물을 주면서까지 사람들을 교회로 데려와야 하느냐고 회의적인 반응을 보이는 분들도 계시기 때문입니다.

그리고 한편으로. 선물의 중요성을 제대로 알려 드리고 싶기 때문이기도 합니다. 전도 대상자 가운데 교회를 특별히 싫어하는 분들은 아무리 고가의 선물을 준다고 해도 절대 교회에 오지 않습니다. 반면에 선물을 받기 위해 교회 나오는 분들은 크게 두 부류로 나눌 수 있습니다.

첫 번째 부류는 단순히 선물을 받기 위해 나오는 분들입니다. 그래도 이 분들에게는 최소한 복음을 전할 기회가 주어집니다. 그리고 이일을 계기

로 교회 정착 하신 분들을 저는 많이 경험했습니다. 믿음은 들음에서 나기 때문입니다.

> 그러므로 믿음은 들음에서 나며 들음을 그리스도의 말씀으로 말미암았느니라 (롬 10:17).

두 번째 부류는 주위에 친척이나 자녀들이 먼저 예수를 믿고 부모님께 교회 나갈 것을 권유하는 경우입니다. 이럴 때 마음은 있지만 혼자 선뜻 교회 나가기가 쉽지 않아서 망설이는 분들이 예상외로 많이 계십니다. 이런 분들에게 단체 전도는 겸사겸사해서 좋은 기회가 됩니다. 예수님께서 베드로와 그의 형제 안드레에게 말씀하시길, '나를 따라오라 내가 너희를 사람 낚는 어부가 되게 하겠다'고 말씀하셨습니다.

> 말씀하시되 나를 따라 오라 내가 너희를 사람을 낚는 어부가 되게 하리라 하시니 (마 4:19).

이렇게 몇 가지 상황을 살펴보면 선물은 사람의 마음의 문을 여는 열쇠인 동시에 좋은 미끼가 된다는 사실을 알 수 있을 것입니다. 그리고 선물을 통한 노인 전도가 중요한 이유가 또 하나 있습니다. 성인이 된 자녀들 가운데 자신의 개인적인 생활을 부모님과 상의해서 행동하는 경우는 거의 없을 것입니다.

그런데 한 가지 예외가 있습니다. 바로 종교 문제입니다. 대부분 자녀는 누군가에게 전도를 받고 교회를 나가려고 하면 부모님의 의사를 알아보려는 경향이 있습니다.

이때 부모님께서 우리 집안은 조상 대대로 불교를 믿어 왔는데 종교를 바꿔서 집안에 우환이 생기면 네가 책임지라면서 엄포를 놓으면 전도는 거의 불가능해집니다. 어쩌다 손자 손녀가 친구 따라 교회에 가려고 할아버지 할머니에게 여쭤보면 당장 불호령이 떨어집니다.

그렇지만 이런 노인분들을 먼저 교회로 모시고 와서 좋은 선물과 맛있는 식사로 극진히 대접해서 교회에 대한 좋은 이미지를 심어놓으면 훗날 자녀나 손자 손녀가 교회 문제로 상의했을 때 못 이기는 척 허락해 주는 계기가 됩니다.

만약 섬김으로 인하여, 부모님 자신이 먼저 교회 다니면 자녀와 손주 손녀를 전도해서 자신의 가정을 예수 믿는 가정으로 변화시키는 부모님들도 많이 계십니다.

그래서 예수님께서도 2,000년 전에 이미지 전도의 중요성을 제자들에게 가르쳐주신 것입니다.

> 이같이 너희 빛이 사람 앞에 비치게 하여 그들로 너희 착한 행실을 보고 하늘에 계신 너희 아버지께 영광을 돌리게 하라(마 5:16).

저는 복지관 할머니들의 전도를 시작으로, 단체 전도에 더욱 힘을 쏟기 시작했습니다. 제가 사는 지역은 아파트 밀집 지역으로 저의 집과 가까운 곳에 노인들이 많이 거주하는 규모가 큰 영세민 아파트 단지가 있습니다. 제가 그곳에 거주하는 노인들을 전도하기 위해, 아파트 단지 내에 있는 노인정을 방문해 보니 노인정이 최근에 지어져 매우 깨끗했습니다.

그곳에는 30-40명의 할머니가 삼삼오오 모여 앉아 화투 놀이를 하거나 담소를 즐기고 계셨습니다. 저는 준비해 간 사탕을 할머니들에게 나눠주며 내일교회에서 인사차 방문했다고 말씀드렸더니 마음씨 좋아 보이는 할머니들이 반갑게 맞아 주었습니다.

저는 할머니들의 밝은 모습을 보는 순간 처음 계획과는 달리 이 아파트에 사는 모든 주민을 대상으로 복음을 전하기로 마음을 바꿔 먹었습니다.

노인정에서 나온 저는 곧장 아파트 사무실을 방문해서 담당자를 만나, 저의 뜻을 전하고 협조를 구했습니다.

그러자 담당자께서 부녀 회장님 연락처를 주면서 만나서 의논해 보라며 도움을 아끼지 않았습니다. 사무실에서 나온 저는 곧바로 부녀 회장님께 전화를 드려서 아파트 단지해 노인분들이 많이 이용하는 작은 규모의 찻집에서 만나기로 했습니다.

약속 장소를 향해 가면서, 만약 부녀 회장님이 비협조적인 분이면 어떻게 하나 하고 몹시 걱정했습니다. 그런데 막상 부녀 회장님을 만나 보니 염려와는 달리 무척 협조적인 분이었습니다. 이 분은 저의 설명이 끝나기가 무섭게 열흘 후, 주일날 아파트 노인분들을 교회로 모시기로 함께 뜻을 모아주셨습니다.

그리고 제가 재차 부녀 회장님께 건의하길 노인분만 나오시게 되면 길을 잃거나 사고의 위험도 있으니, 젊은 부녀회원들도 함께 나오셔서 노인들을 안내해 주셨으면 좋겠다고 말씀드렸습니다. 그랬더니 부녀 회장님께서 흔쾌히 저의 의견을 따라 주었습니다. 저는 이 일로 인하여, 부녀회원들에게도 복음을 전할 기회가 주어져서 무척 기뻤습니다.

그리고 열흘 뒤, 2005년 9월 11일 부녀회원을 포함한 53명이 주일예배에 참석했으며, 다시 2주 뒤, 새로운 40명의 노인분이 주일예배에 참석하셨습니다. 기대 이상으로 좋은 결과를 얻은 저는 계속해서 아파트 노인정과 부녀 회장님들을 찾아다니며 사람들을 모아서 교회로 인도했습니다. 그리고 멀지 않은 이웃 동네에도 규모가 큰 영세민 아파트가 있어서 한동안 그곳을 중점적으로 전도하기 시작했습니다.

그런데 도와주겠다던 부녀 회장님과 총무님이 관심을 보이지 않아서 어쩔 수 없이 직접 노인 분들을 찾아다니며 설득한 끝에 두 번에 걸쳐 50명의 남녀 어르신들을 교회로 인도할 수 있었습니다. 그 후 이 아파트에서 많은 분이 주님 앞으로 돌아왔으며 기적 같은 놀라운 일들이 계속해서 일어났습니다.

 그리고 저는 새로운 직장 전도를 개발하기 위해 지역에 있는 큰 공장이나 보험회사, 병원, 구청, 우체국 등 직원이 많이 근무하는 곳이나 사람이 많이 모이는 곳이면 어디든 찾아다녔습니다. 그런 가운데 학교 전도도 게을리하지 않았습니다. 이 당시 2004년 '1121 행복 전도 축제' 때 제가 전도한 분들 가운데 10여 명이 교회 출석하고 있었습니다. 이들 중 대부분이 초신자였으며 차량을 소유한 분이 거의 계시지 않아서 이들 가운데 5명을 2.3부 예배 시간에 맞춰 교대로 저의 승용차로 교회 출석시키고 있었습니다.

 참고로 말씀드리면 당시 내일교회가 새롭게 교회 건축을 하면서 사람이 거의 살지 않는 변두리 야산 중턱에 세워지다 보니 대부분 교인이 대중교통을 이용할 수 없었습니다.

 처음 교회가 세워졌을 때 교인들이 택시를 타고 교회로 오시고서 하는 말이, "오죽하면 기사분들이 이곳은 교회를 지을 자리가 아니라, 절을 지을 자리라고 했겠습니까?" 라고 했습니다.

 물론, 교회 버스가 운행했지만 탑승 장소가 집에서 멀리 떨어진 초신자나 노인분들이 시간에 맞춰 교회 버스를 이용하기가 쉽지 않았습니다. 상황이 이렇다 보니, 저의 몸이 열 개라도 모자랄 지경에 이르렀습니다.

 또한, 하반기부터는 전도보다 지금까지 전도한 분들을 잘 양육해서 교회 정착시키는 일에 더 힘을 쏟으려고 계획하고 있어서, 앞으로 새 신자분들을 교회 출석시키는 일이 저에게 더욱 큰 부담으로 다가왔습니다.

 그러다 더 이상 혼자서 이 일들을 감당할 수 없을 지경에 이르렀을 때 하나님께서 저의 간절한 기도를 들으시고 길을 열어 주셨습니다. 얼마 전 담임 목사님의 요청으로 남자 연합예친 모임에서 제가 간증을 한 적이 있었습니다. 그때 담임목사님께서 저의 간증을 들으시고 우리끼리 듣기는 아깝다고 하시며 내일교회 주력 전도대인 로이모스전도대 하반기 출정식

때 다시 한번 간증하게 하셨습니다.

 이 간증이 계기가 되어, 저의 건강 문제로 인하여 더 이상 간증 집회를 감당할 수 없을 때까지 5년간 여러 교회에서 전도 간증을 인도했습니다. 이날 간증을 듣기 위해 평소보다 훨씬 많은 인원이 집회에 참석해 주셨을 뿐만 아니라, 저의 간증을 들은 여 집사님 두 분이 감동하였다며 저의 전도사역에 적극적으로 동참해 주셨습니다.

 이때부터 저는 두 여 집사님과 함께 아파트 내부 사정을 속속들이 잘 알고 있는 부녀 회장님을 앞장세워, 힘들고 외롭게 살아가는 아파트 주민들을 찾아다니며 도움의 손길과 함께, 복음을 전하고 이들을 교회로 인도했습니다.

 그리고 다른 사람이 시킨 일도 아닌데 두 여 집사님이 특별히 어려운 가정에 쌀과 반찬을 제공했으며 자녀들에게는 학비를 도와주거나 교회에 의뢰해서 장학금을 받게 하기도 했습니다.

 저 또한 몸이 불편한 독거노인들에게 약을 지어 드리거나 병원에 모셔가서 보호자 역할을 했으며, 그 외에도 새신자반 공부 성경 공부 등 교회에서 진행하는 교육프로그램에 각 개인의 필요에 따라 저의 개인 차량을 이용해서 밤낮으로 한 사람도 예외 없이 교육에 참석시켰습니다.

 교회도 저의의 수고를 덜어주기 위해 12인승 차량을 제공해 주었으며 얼마 지나지 않아서 25인승 소형버스로 교체되었습니다. 이 당시 저의 기도 제목 가운데 하나는 앞으로 더 많은 사람을 전도해서 교회로부터 45인승 대형 버스를 받는 것이었습니다. 그날부터 2년이 지난, 2007년 11월 25일 주일날, 아침 제가 전도한 분들을 가득 태운 45인승 대형 버스가 교회 정문 앞에서 사람들을 내려놓고 있었습니다.

 그렇게 시간이 흘러 2005년 그해 마지막 날 송구영신 예배 때 하나님의 크신 은혜와 주위 분들의 도움으로 246명을 전도한 저는 2004년도에 이어서 두 번째 전도왕이 되었습니다. 당시 전도 대상으로 부부 동반 유럽

여행 티켓을 줬는데 저의 건강 문제와 경제적 이유로 여행을 좋아하는 아내에겐 무척 미안했지만, 여행 티켓을 현금화해서 그동안 전도하며 쓴 비용을 정리했습니다.

그런데 신기하게 비용이 남지도 모자라지도 않고 정확하게 들어맞았습니다. 저는 하나님의 오묘한 섭리에 신선한 충격과 함께 두려움마저 들었습니다. 그렇게 가슴 벅찬 2005년 한 해를 보낸 저는, 또다시 2006년 전도 전쟁에 뛰어들었습니다. 2006년 첫 달이 막 지난 2월경에 교회에서 제가 전도한 노인분들을 제가 직접 관리하고 사역하도록 모든 것을 저에게 일임하였습니다.

이 당시 30여 명의 노인분이 예친 모임에 참석하고 계셨으며 예친 모임에는 참석하지 않았지만, 전도를 위해 교제하던 노인분들이 100여 명이 훨씬 넘었습니다. 상황이 이렇다 보니 이분들을 잘 교육하고 양육하는 것이 무엇보다 시급한 일이었습니다. 하지만, 이분들 가운데 대부분이 교회를 처음 나오는 초신 자였으며 연로하시고, 건강마저 좋지 않아서 수시로 병원에 입원하거나 자주 병원을 찾는 분들이 대부분이었습니다.

거기다 삶이 힘들다 보니 작은 일 때문에 속상해서 갑자기 교회를 나오지 않거나 영원히 교회를 떠나는 일도 한두 번이 아니었습니다. 이런 분들을 교회 정착시키기 위해서는 지속적인 만남과 설득이 매우 중요했으므로 개인적인 식사 교제나 심방이 그칠 날이 없었습니다.

이 시기에 탈북민이 이 지역에 많이 정착하셔서 이분들을 교회로 인도했는데 노인분들과 함께 섬기다 보니, 이들 간의 갈등과 경비 문제로 많은 어려움을 겪기도 했습니다. 당시만 해도 교회에서 다른 예친과 형평성 문제를 이유리 차량 지원 외에는 다른 도움이 전혀 없었습니다.

그래서 일부 뜻있는 분들의 후원과 저희의 작은 정성을 모아서 어렵게 모임을 꾸려나갔습니다. 3년 뒤 그동안 저희의 변함없는 섬김을 인정받아 교회에서 예친에 관한 모든 비용을 후원해 주셨으며, 담임목사님께서 60

세에 조기 은퇴하시고 최초로 노인 전용 교회를 세우는데 우리 예친이 마중물이 되기도 했습니다.

이 시기에 저에게 큰 시련이 찾아왔습니다. 처음에는 가족들도 크게 변한 저에게 여러 가지 도움을 아끼지 않았지만, 한 해 한 해 세월이 갈수록 서서히 걱정하는 눈빛으로 바라보기 시작했습니다. 경제적으로 어려움을 겪던 아내는 더 이상 못 살겠다며 노골적으로 불만을 쏟아내기 시작했으며 어머니는 가족들의 의견을 모아서 저에게 전하며 우회적으로 부담을 주었습니다.

그리고 일부 성도들의 노골적인 빈정거림과 일부 교역자의 비협조와 방해로 말할 수 없는 어려움이 따랐습니다. 만일 다시 그때로 돌아간다면 선뜻 나서기가 힘들 것 같습니다. 하지만, 당시에는 어떤 어려움이나 핍박에도 눈 하나 꿈쩍하지 않았습니다.

지금 와서 생각해 보면 이 모든 것이 전적으로 하나님의 은혜였음을 고백하지 않을 수 없습니다. 이런 어려운 현실 속에서 몇 번의 예친 모임을 가져 본 결과, 식사 시간에 술을 주문하는 이들은 보면서 크게 실망한 저는 신앙의 기초가 전혀 없는 이들에게 먼저 제대로 된 신앙 기초부터 가르쳐야겠다고 마음먹었습니다.

그리고 당장 다음 모임부터 단체방이 준비된 식당을 이용해서 식사와 예배를 마친 후 성경 찬송 찾는 방법부터 사도신경, 주기도문 암송하기, 세례, 전도, 헌금, 성도와의 교제 등 기초부터 철저히 가르쳐 나갔습니다. 그렇게 예친 모임이 계속되자 처음에는 무엇을 받기 위해 교회 나왔던 분들이 자연스럽게 주일 헌금, 감사헌금, 십일조를 드리기 시작했으며 몇몇 분들은 새벽예배에도 참석하는 열의를 보였습니다.

그리고 아들, 딸, 손자, 손녀를 교회로 인도했으며 연로하신 분들에게는 부담이 될 수 있는 13주간의 세례 공부를 신청하는 분들도 계속해서 생겨나기 시작했습니다. 처음 예친 모임을 시작할 때는 70-80대 노인분들로 시작한 예친 모임이 어느 순간부터 30대부터 90대까지 다양한 연령대로 모이기 시작했습니다.

이렇듯 예친 모임이 믿음 안에서 안정을 찾아가게 되면서 저는 학교 전도와 개인 전도에 더욱 힘을 쏟기 시작했습니다. 학교 전도는 몸이 아프거나 특별한 일이 없는 한, 거의 매일 학교 앞으로 나갔으며 개인 전도를 위해 세상 친구들 모임에도 참석했습니다.

하지만, 자칫 방심하면 세상 유혹에 넘어져 다시 옛날로 돌아갈 수 있으므로 세상으로 나갈 때는 기도로 단단히 무장하고 나갔으며, 나가서도 극도로 조심했습니다.

그리고 간증 집회도 주위 분들의 소개와 입소문을 타고 꾸준히 요청이 들어와서 이 일에도 최선을 다하기 위해 늘 마음을 다잡았습니다. 사실 저의 전도 간증은 대부분, 교회에서 평생 한 번밖에 할 수 없는 소중한 시간인데 이 시간을 대충 넘길 수는 없었습니다. 한 사람을 전도해서 믿음의 용사로 세우려면 얼마나 많은 시간과 헌신이 필요한지 그리스도인이라면 누구나 공감할 것입니다.

그런데 교회가 아니 길거리에서 전도 간증을 한다면 어느 누가 간증 집회에 참여한 성도들같이 전도에 대한 강한 열의를 보이겠습니까?

이런 분들에게는 전도에 대한 동기 부여만 제대로 하게 되면 훌륭한 전도의 용사로 거듭나게 됩니다.

또한, 간증 집회는 복음에 대한 확신이 없는 성도들에게는 복음의 확신을 심어줄 좋은 기회이기도 합니다. 이렇다 보니 간증만큼 사명감을 가지고 해야 할 일도 그리 흔치는 않을 것입니다.

너희 마음에 그리스도를 주를 삼아 거룩하게 하고 너희 속에 있는 소망에 관한 이유를 묻는 자 에게는 대답할 것을 항상 준비하되 온유와 두려움으로 하고(벧전 3:15).

지금 와서 생각해 보면 성치 않은 몸으로 어떻게 이 일들을 감당할 수 있었는지 의문이 들지만, 그때는 힘든 가운데 무엇하나 포기할 생각은 전혀 들지 않았습니다. 다시 한번 고백하지만, 이 모든 일이 전적인 하나님의 은혜였음은 두말할 나위도 없습니다. 이때까지 만해도 까맣게 모르고 지냈지만, 당시 저의 몸에는 암세포가 자라고 있었으며 날이 갈수록 제가 미미하게 느낄 정도로 조금씩 병세가 악화하고 있었습니다.

2006년 그해 마지막 날 교회에서 화젯거리 하나가 생겼습니다. 화제의 주인공은 2004년 제가 개인전도 한 30대 젊은 남자분이셨는데 이 젊은 남자분이 2006년 가장 많은 사람을 전도한 것입니다. 이날 비록 저의 3년 연속 전도 왕의 꿈은 이루지 못했지만, 다른 한편으로는 제가 전도 왕이 되었을 때보다 훨씬 큰 감동을 받았습니다. 그렇게 감동적인 2006년 한 해를 보내고 새로운 마음가짐으로 2007년 한해를 맞이했습니다.

앞 장에서 밝힌 바 있지만, 제가 처음 전도에 임할 때 저의 목표는 제가 사는 대구를 복음화하는 데 있었습니다. 이런 저의 계획을 이루려다 보니, 지금 제가 섬기고 있는 노인분들을 뜻이 있는 다른 성도님에게 일임해 드리고, 저는 다른 지역에서 새로운 모임을 만들어 제가 사는 대구를 복음화하는데 하루라도 빨리 시간을 앞당기고 싶었습니다.

그래서 교회 이곳저곳을 찾아다니며 저의 의사를 밝히기도 하고 몇몇 성도분들에게 넌지시 권해도 보았지만, 누구도 쉽게 나서는 성도가 없었습니다. 그렇게 한동안 고민하다가 기도하는 가운데 내린 결론은 너무 지나친 욕심을 버리고 현재 나에게 맡겨진 일에 최선을 다하기로 마음을 고쳐먹었습니다. 이 시기에 교회에서는 올해에 제대로 된 리더를 양성한다는 야심 찬 계획을 세우고 수개월에 걸쳐서 강도 높은 제자 훈련을 시작했습니다.

처음에는 멋모르고 제자 훈련에 임했던 리더들이 엄청난 훈련량에 어려움을 겪었지만, 교역자님들의 의지가 워낙 강하셔서 모두가 순종하는 마음으로 열심히 훈련에 임했습니다. 저도 노인분들을 대표해서 최선을 다해 제자 훈련에 참여했습니다.

이때만 해도 그리 오래지 않아 신앙의 새로운 눈을 뜨게 될 어떤 사건이 저를 기다리고 있을 줄은 꿈에도 상상하지 못했습니다. 그날도 전도차 몇 군데 방문할 곳과 노환으로 병원에 입원해 계시는 어르신을 위하여 예배를 인도하러 가려고 준비하던 중에 갑자기 약속이 취소되거나 연기되어서 본의 아니게 집에서 쉬고 있었습니다.

그런 가운데 교구 여전도사님으로부터 한 통의 전화가 걸려 왔습니다. 전도사님이 말씀하시는 요지는 이번 교회에서 대대적인 예친 개편으로 인하여 제가 양육하고 있는 예친(예수님 안에 친척)원 가운데 몇 분을 다른 예친에 편성하자는 것이었습니다. 그렇지 않아도 며칠 전 전도사님께서 식사 자리에서 이문제에 관해 언뜻 비춘 적이 있어서 어느 정도 마음의 준비를 하고 있었기에 별생각 없이 그렇게 하라며 쉽게 대답했습니다.

그리고 전화를 끊고 곰곰이 생각해 보니 제가 너무 경솔했다는 생각이 들기 시작했습니다. 누구보다 예친원들의 생리를 잘 아는 저로서는 이제 겨우 신앙에 눈을 뜬 이들에게 갑자기 환경이 바뀌게 되면 견디기 힘들 것이 눈에 뻔히 보이는 듯했기 때문입니다.

한참 동안 자신을 자책하고 난 후 저는 직접 교회로 가서 예친 담당 목사님을 뵙고 조금 전 여전도사님과 했던 약속을 되돌리기로 마음을 먹었습니다. 놀랍게도 그 순간부터 성령님께서 저에게 빨리 교회로 가라고 재촉하시는 것을 느낄 수 있었습니다.

저는 오늘이 토요일이어서 담당 목사님이 다른 날 보다 일찍 퇴근하시거나 일 때문에 자리를 비울 수 있기에, 성령님께서 이렇게 재촉하시나 보다 하고 급히 교회로 차를 몰아 정신없이 교회로 달려갔습니다. 마침 점심 시간이어서 담당 목사님께서 직원 식당에 계실 것으로 생각하고 조심스럽게 식당 문을 열고 들어가 보았습니다 평상시 같으면 교회 직원들로 북적거려야 할 식당 안이 텅텅 비어 있었으며, 젊은 직원 몇 명만 자리에 앉아서 이야기꽃을 피우고 있었습니다. 순간 불안한 생각이 들었지만, 애써 감추고 직원에게 교역자분들이 있으신 곳을 알아보니, 며칠 전 부임한 부 목사님 댁으로 이사예배를 드리러 간 사실을 알게 되었습니다. 저는 속으로 안도의 숨을 내쉬며 교역자분들이 교회로 돌아올 시간을 확인해보니 한 시간 남짓 기다리면 될 것 같았습니다.

저는 제가 만나야 할 담당 목사님도 당연히, 이 자리에 계실 것으로 믿고 있었지만, 혹시 하는 마음에 직원을 통해 확인해 본 결과 제 생각과는 달리 담당 목사님은 교회 청년 결혼식에 참석하기 위해 멀리 제주도에 가셨다는 답변이 돌아왔습니다.

저는 이 말을 듣는 순간 갑자기 저의 믿음 체계가 온통 흔들리는 듯한 느낌을 받았습니다. 저는 누가 뭐라 해도 성령님의 재촉하심으로 이 자리에 온 것으로 굳게 믿고 있었는데 현실이 제 생각과는 전혀 다르게 전개되다 보니 제가 이 자리에 온 것이 성령님의 뜻을 제대로 분별하지 못했거나 아니면 저 혼자 느끼는 인간적인 감정일 수 있다는 생각에 크게 낙심이 되었습니다.

한껏 풀이 죽은 채, 식당에서 나온 저는 집으로 돌아오기 위해 주차장을 향해 걸어가는데 마치 누군가가 뒷덜미를 잡아당기듯 그 자리를 떠나오기가 싫었습니다. 그래도 억지로 주차된 차로 와서 차 문을 열고 운전석에는 앉았지만, 도저히 차 키에 손이 가질 않았습니다. 트럭에 그렇게 한참을 망설이고 있는데 마침 운전석 옆 좌석에 놓여있는 성경책이 눈에 들어왔습니다.

저는 잠시 생각 끝에 차 안에서 말씀을 읽으며 기다렸다가 교구 여전도사님이라도 뵙고 가야겠다고 들뜬 마음을 진정시켰습니다. 그렇게 말씀을 읽은 지 얼마의 시간이 지나지 않아서 낮익은 버스 한 대가 교역자분들을 태우고 교회 식당 앞에 멈추어 섰습니다. 저는 교구 여전도사님을 만나기 위해 급히 차에서 내려 버스를 향해 걸어갔습니다. 가장 먼저 버스에서 내려 저와 마주친 분은 올 4월에 중국 선교사로 파송되는 주선양 선교사님이셨습니다.

주 선교사님은 일찍이 중학교 시절부터 선교사의 꿈을 키워 온 분으로 2004년 내일교회에 부임하실 때부터 이미 선교사로 파송될 목적을 가지고 부임하신 분이셨습니다. 예고 없이 주 선교사님과 마주친 저는 반가운 마음에 악수를 청하며 선교지에서 건투를 빈다며 인사를 드렸습니다.

그러자 선교사님께서 저에게 선교지를 위해서 기도를 부탁하셨습니다. 그래서 저는 뿌듯한 마음으로 이전부터 선교사님과 선교지를 위해서 날마다 기도 드린다고 말씀드렸습니다. 그런데 선교사님은 정색하시며 집사님이 평소에 하시는 개인기도 외에 후원 기도를 부탁드린다고 하시는 것이었습니다. 그리고 선교사님은 기대하는 눈빛으로 저를 바라봤습니다.

저는 선교사님이 말씀하시는 후원 기도의 의미를 제대로 알지 못했지만, 후원 기도란 단어가 날카로운 비수처럼 저의 가슴에 날아와 꽂혔습니다. 그때 교구 여전도사님이 버스에서 내리는 모습이 보여서 급히 불러 세워놓고 선교사님께 잠시 식당에서 기다려 달라고 양해를 구했습니다.

그리고 교구 여전도사님과 예찬 문제를 두고 대화를 나누는데 도무지 대화에 집중이 되지 않고 자꾸 식당에서 기다리는 선교사님 생각만 머리에서 맴돌았습니다.

결국, 교구 여전도사님과의 대화는 다음으로 미루고 서둘러 선교사님이 기다리는 식당으로 향했습니다. 햇볕이 잘 드는 식당 창 곁에 선교사님과 마주 앉은 저는 선교사님께 후원 기도에 대해서 좀 더 구체적으로 말씀해 달라고 부탁을 드렸습니다. 그러자 선교사님께서 기다렸다는 듯 제가 궁금해하는 후원 기도에 대해 상세히 설명해 주셨습니다.

선교사님이 저에게 부탁하신 후원 기도의 의미는 단순히 선교사님이 생각날 때나 아니면 개인적으로 드리는 기도가 아니라, 중보 기도에 뜻이 있는 성도들이 함께 모여서 기도의 리더가 세워지고 정해진 시간에 조직적으로 선교지를 향해서 기도해 달라는 뜻이었습니다.

특히, 선교사님이 파송되는 티베트는 불교에 완전히 젖어있는 지역이어서 무엇보다 후원 기도가 필요하다고 말씀하셨습니다. 이때까지 만해도 저의 신앙 지론은 오직 전도였습니다. 사실 저는 여러 가지 여건상 다른 일은 생각할 겨를도 없었을 뿐만 아니라, 이제 곧 초등학교 봄방학이 끝나면 새로운 방법으로 학교 전도를 시작하려고 마음의 준비를 단단히 하고 있을 때였습니다.

그런데 선교사님의 말씀을 처음 듣는 순간부터 마음과는 달리 이 일은 제가 맡아 추진하겠다고 약속했습니다. 그러자 지금까지 여러 가지 정황을 알 리가 없는 선교사님은 너무 쉽게 결정을 내리는 저의 근거 없는 자신감에 오히려 당황하셔서, 정말 그렇게 해 주겠냐며 몇 번이고 되물었습니다.

하지만, 선교사님의 우려와는 달리 그날로부터 11일 후 주일 오후에 주 선교사님을 위한 기도 모임을 결성하기 위해 13명의 기도 용사들이 결연한 마음으로 한자리에 모였습니다. 내일교회 담임목사님께서 처음 교회를 개척 하실 때부터 선교에 주안점으로 두시고 내일교회 개척 초기에는 직접 가방을 들고 선교지를 개척하러 다니는 수고를 아끼지 않으셨습니다. 저희가 주 선교사님을 위한 기도 모임을 결성할 당시, 이미 여러 명의 선교사님이 내일교회 소속으로 각 나라에 파송되어 있었습니다.

그렇지만, 선교사님 개인을 위해서 자발적으로 모인 기도 모임은 저희 모임이 최초여서 시작부터 많은 난관이 기다리고 있었습니다. 저희가 처음 기도 모임을 결성하고 주 선교사님을 통하여 담임 목사님께 보고를 드릴 때만 해도 당연히 기도 모임이 승인될 것이라고 굳게 믿고 있었습니다.

그런데 담임 목사님께서 다른 선교사님과의 형평성 문제를 이유로 승인을 유보하셔서 주 선교사님이 선교 훈련을 위해 캐나다로 떠나기 이틀 전에 작별 기도 모임을 끝으로 기도 모임이 해산되다시피 하고 말았습니다.

그리고 몇 개월 뒤 담임 목사님의 최종 승인이 있었지만, 이미 부담을 느낀 몇 분의 성도들이 기도 모임을 떠나다 보니 처음 시작할 때보다 크게 동력을 잃었습니다. 거기다 저의 건강마저 악화하여 2개월 이상 기도 모임이 지연되어서 결국 4개월이 지나서야 겨우 기도 모임을 시작할 수 있었습니다. 비록 당시에는 모든 것이 혼란스럽고 이해가 되지 않았지만, 시간이 지나고 보니 이 일을 통하여 더욱더 기도의 소중함을 알게 되었으며 끝까지 자리를 지킨 기도의 용사들이 똘똘 뭉칠 수 있는 연단의 시간이었습니다.

하나님의 치밀하신 계획과 섭리 가운데 세워진 기도 모임은 올해로 13년째를 맞았습니다. 그동안 주 선교사님을 위한 기도 모임은 단체나 개인이 선교사님을 위한 기도 모임을 결성하는데 작은 길잡이가 되었으며, 앞으로도 많은 분에게 기도의 중요성을 알리는 데 도움이 되었으면 하는 마음 간절합니다.

제가 암 수술 후 건강이 더욱 나빠져서 지금까지의 모든 활동은 중단했지만, 기도 모임만큼은 현재도 리더로 섬기고 있습니다. 간혹 기도 모임 중에 너무 힘이 들어 다른 사람의 차에 실려 집으로 돌아올 때도 있지만, 어쩌면 이일이 저의 마지막 사명일지 모른다는 생각에 최선을 다하려고 애쓰고 있습니다.

혹시 이 글을 읽는 분들 가운데 제가 섬기던 어르신들은 어떻게 되셨는지 궁금해하실 분이 계실지 모르겠습니다. 제가 섬기던 어르신들은 이제 교회 내 어르신 모임인 사랑부에 소속되어 열심히 신앙생활하고 계십니다. 하지만, 어르신들이 매우 연로하셔서 교회 오가는 일이 쉽지 않은데 제가 2004년도에 전도한 여성 한 분이 헌신적으로 어르신들을 섬기고 계셔서 제가 없는 빈자리를 훌륭히 메워주고 계십니다.

　2007년도부터 제가 하는 사역들이 더욱 바빠지고 활성화되기 시작했습니다. 무엇보다 주 선교사님 기도 모임이 오랜 기다린 끝에 시작되었으며 제가 노인분들을 섬기는 것을 알고 있는 교인들 가운데 자신의 부모님이나 가까운 친척 중에 교회 다니다 낙심한 분이나 암, 치매, 중풍 같은 큰 병으로 인해서 교회 출석하기 힘든 분들을 위해 저를 자기 집이나 병원으로 초청해서 예배를 부탁하는 일도 종종 있었습니다.

　그러면 짧게는 한두 번 방문으로 끝날 때도 있지만, 6개월 이상 지속해서 돌보는 가정도 있었습니다. 가끔 병원을 방문해서 환자와 휴게실 같은 곳에서 예배를 드리다 보면 입원 환자 가운데 자신도 교인이라며 성경, 찬송 책을 들고 와서 예배에 참석하는 분들도 계셨으며, 입원 환자 가운데 믿지 않는 분들도 예배의 자리에 초청해서 함께 예배를 드린 후, 복음을 전하기도 했습니다.

　당시 저와 함께 사역하던 권사님의 시어머님께서 할머니 치매 환자 다섯 분과 같은 병실에 입원해 계셨는데 전도자들이 할머니들에게 복음을 전하려고 몇 번을 시도해 봤습니다. 하지만, 할머니들이 하나같이 복음을 극도로 꺼리셔서 손을 놓고 있었는데 제가 병실을 방문한 그 날 다섯 분의 할머니들 가운데 한 분도 예외 없이 모두 저의 손을 잡고 주님을 영접하는 기적 같은 일도 있었습니다.

　대부분 할머니가 혼자 일어나 앉지 못할 정도로 기력이 쇠약하셨지만, 영접 기도 중에 너무나 평온해 보이던 할머니들의 모습이 지금도 눈에 선합니다.

　그리고 계속해오던 초등학교 전도는 겨울이 되면서 날씨가 추워서 너 학교 앞에서 복음을 전할 수 없어서 고민하다 학교 앞 문방구 주인을 찾아가 아이들에게 복음을 전할 때 나누어 줄 간식거리를 문방구에서 사는 조건으로 문방구 방에 아이들을 불러 모아놓고, 복음을 전하기도 했습니다 그런 가운데 초등학교 겨울 방학이 막 끝날 2월 초에 어린이 전용 교회 여선생님 한 분을 학교 전도 중에 만난 것이 계기가 되어 학교 전도에 더욱 박차를 가하게 되었습니다. 어린이 전용 교회란 교회의 모든 운영 방침이 어른이 아닌 어린이에게 초점이 맞춰져 있어서 제가 하는 학교 전도와 여러모로 닮은 점이 많았습니다.

그래서 시간이 나면 이분들과 함께 전도하고 교제하며 학교 복음화를 위해 힘을 모았습니다. 당시 저의 제안으로 어린이 전용 교회 가까운 곳에 있는 초등학교 몇 곳을 선정해서, 교회에서 담당 교사와 부교사를 학교 앞에 상주시켜 이들에게 전적으로 학교 아이들을 관리하게 했습니다. 한동안 이렇게 해 보니 기존의 믿는 아이들을 관리하기가 매우 용의했으며, 믿지 않는 아이들도 평소 학교 앞에서 자주 만나다 보니, 전도하기가 이전보다 훨씬 수월해졌습니다.

이렇게 복음을 전한지 몇 달이 지나지 않아서 많은 아이가 교회로 나오기 시작했습니다. 저는 간증을 통하여 여러 교회에 이 사실을 알렸습니다. 저의 간증을 듣고 어린이 전도에 관심이 있는 개인이나 교역자분들이 학교 전도 현장에 견학을 많이 오셔서, 이분들의 요청이 있을 때 해당 교회를 방문해서 간단한 교육과 함께 현장실습을 병행하므로 전도의 효율성을 한층 높였습니다.

이렇듯 계속되는 바쁜 일정 속에서도 시간은 빠르게 지나갔으며, 그 와중에 올해도 변함없이 총동원 전도 주일이 하루하루 다가왔습니다. 11월 4일 총동원 전도 주일을 불과 열흘 앞둔, 수요 순장 교육 시간에 담임 목사님으로부터 전도 시상 내용이 다음과 같이 발표되었습니다.

예친 전체 1등 오십만 원, 2등 이십만 원, 3등 십만 원, 교구 전체 1등 이십만 원 순이었습니다. 내일교회는 전체 4교구로 나누어져 있으며 4교구 안에 총 130개의 예친이 소속되어있습니다. 다음날 정기 예친 모임에서 수요 순장 교육 시간에 발표된 '114 총동원 전도 주일' 시상 내용을 어르신들께 상세히 설명해 드리고, 이번에 우리 예친이 꼭 1등 해서 받은 상금으로 가을 야유회 경비로 사용하자고 말씀드렸더니 모두가 좋아하시며 박수로 대답을 대신 했습니다.

저는 1년 중 봄가을에는 항상 어르신들을 모시고 야유회를 다녀왔으며, 이때 믿지 않는 분들도 함께 참석시키므로 전도에 많은 도움이 되었습니다. 그로부터 약 한 달 후, 우리 예친은 130여 개의 쟁쟁한 예친들을 선의의 경쟁에서 모두 물리치고 당당히 1등을 차지했습니다.

그리고 상금으로 받은 오십만 원은 먼저 다녀온 가을 야유회 경비로 충당했습니다. 저도 그해 연말 다시 한 번 전도왕의 자리에 올랐습니다. 그렇게 정신없이 한 해를 보내고 새롭게 시작된 2008년은 그야말로 저의 활동이 제대로 궤도에 오른 해였습니다.

연초에 2004년 전도한 젊은 남녀 세 분이 집사 직분을 받았으며, 예친 가운데 앞을 잘 보지 못하는 50대 남자 한 분과 심장 수술로 병원에 입원한 70대 할아버지 한 분을 제외한 모든 분이 세례를 받은 한 해이기도 했습니다.

또, 예친 가운데 40대 자매님 세분과 칠 십대 할머니 세 분이 각각 팀을 나누어 기도 모임과 성경 공부를 시작하기도 했습니다. 그리고 3년 동안 이곳저곳 식당을 옮겨 다니며 예친 모임을 했던 우리 예친이 담임 목사님의 배려로 2008년부터 교회에서 모임을 가지게 되었습니다

예배드릴 때 남녀 집사님 두 분이 피아노와 기타로 찬양을 인도해 주셨으며 권사님 집사님 다섯 분이 사오 십 명 모이는 우리 예친 식사를 담당해 주셨습니다.

그리고 다른 한편으로, 간증 집회 때 알게 되어 한동안 학교 선노 현장에서 친분을 쌓아온 권사님의 소개로 개척교회 목사님들과 교제할 기회가 있었습니다. 저는 목사님들과 함께 전도하며, 교회 부흥을 위해 저의 작은 힘을 보태기도 했습니다. 당시 개척교회 목사님 가운데 교회를 개척한 지

8년이 된 분이 계셨습니다.

　목사님이 처음 개척을 시작할 당시 십여 명의 교인이 출석했으며, 2년 뒤 교인 수가 오십여 명으로 부흥되었다가 지금은 모두 떠나고 암 투병 중인 여성도 한 분만 유일하게 남아 계셨습니다.

　그런 와중에 목사님 사모님은 양쪽 갑상샘을 제거한 수술 후유증으로 몹시 힘들게 생활하고 계셨으며, 목사님도 여러모로 힘을 많이 잃은 것 같았습니다.

　하지만, 이런 어려운 형편에도 불구하고 목사님은 7년간 매주 한 번씩 교회에서 지역 노인분들께 점심을 대접하고 계셨습니다. 초창기에는 노인분들이 백여 명이 넘게 모였는데, 지금은 육십 명 정도 모인다고 하셨으며 이들을 섬기기 위해 목사님 사모님과 장모님 등 십여 명이 매주 수고하고 계셨습니다.

　그런데 한 가지 안타까운 점은 모임의 성격이 아직 급식 수준에 머물러 있다는 것이었습니다. 그래서 제가 목사님께 제의 드리길 이분들에게 제대로 된 복음을 전하고 세례를 베풀면 어떻겠냐고 했더니, 목사님께서도 이분들을 결신 시키기 위해, 평생 추억에 남을 만한 계획을 세워두고 있는데 경비 문제로 선뜻 실행에 옮기지 못하고 있다며 안타까워했습니다.

　저는 이 문제를 해결하기 위해 방법을 찾다가 예식장을 경영하는 내일교회 여 집사님을 찾아가 개척교회의 어려운 사정을 말씀드렸더니, 집사님께서 오래 생각지도 않으시고 기존 고객의 3분의 1가격으로 대형 홀과 뷔페 식사 등 모든 편의를 제공해 주기로 약속하셨습니다.

　가장 어려운 숙제가 해결되자 행사 준비에 속도가 붙기 시작했습니다. 가까운 이웃 교회에서 어르신들을 위해 대형 버스를 제공해 주셨으며, 이십여 명에 가까운 자원봉사자이 성공적인 행사를 위해서 모든 도움을 아끼지 않았습니다.

행사 당일 하나님의 크신 은혜와 목사님의 잘 준비된 감동적인 행사 진행으로 어르신들에게 평생 기억에 남을 만한 추억을 안겨드렸으며, 이날 여러분의 어르신이 주님을 영접하고 세례를 받았습니다. 그런데 놀라운 사실은 당시 저희 테이블에 일곱 명의 어르신이 자리하고 계셨는데 이 중 네 명이 세례를 받으신 분이셨으며 다른 테이블에 계시는 분들 가운데도 상당수가 이미 세례를 받으신 분들이었습니다.

저는 목사님께서 앞으로도 계속해서 이분들을 섬기다 보면 하나님께서 이분들을 통하여 놀라운 구원을 이루어 가실 것이라는 확신이 들었습니다. 그리고 계속되는 학교 전도는 이제 저에게 일상적인 생활이 되었으며 어린이 전용 교회 선생님들과도 꾸준히 교제가 이루어지고 있었습니다.

그해 4월경, 어린이 전용 교회 담임 목사님께서 매월 한 번씩 전후반 8개월에 걸쳐 다음 세대 살리기 세미나를 개최하셨는데 이 자리에 지역의 많은 교역자와 교사들이 참석하셨으며 저도 세미나에 동참해서 어린이 전도 방법을 소개하기도 했습니다.

그리고 초등학교 전도를 시작한 지 4년 만에 제가 거주하는 지역을 벗어나 다른 지역에서도 전도를 시작하게 되었으며 그 지역 교회 선생님들과 공조하여 복음을 전하기도 했습니다. 앞으로 건강만 허락한다면 모든 일이 저의 의도대로 될 것이라고 의기양양하던 저에게 전혀 예상치 못한 큰 시련이 찾아왔습니다.

2008년 3월 말경, 한 젊은 남성이 교회에 다녀오는 두 명의 초등학생 여자아이들을 유괴해서 무참히 살해한 끔찍한 사건이 발생했습니다. 거기다 더욱 충격적인 사실은 이 젊은 남성이 초등학생 여자아이들이 다니는 교회에 교인이었으며, 평소에 이 아이들과 알고 지냈다는 것이었습니다. 참담한 뉴스를 접한 저는 같은 교인으로서 얼굴을 들고 전도 현장에 나타날 수 없어서 한동안 학교 주변만 맴돌다가 집으로 돌아오곤 했습니다. 그러다 용기를 내어 다시 전도를 시작했지만, 그리 오랜 시간이 지나지 않아서 또다시 큰 사건이 일어났습니다.

초등학생 여자아이가 수업을 마치고 집으로 가기 위해 혼자서 엘리베이터를 탔는데 이때 몰래 뒤따라온 중년 남성이 갑자기 다른 층에서 엘리베이터를 세우고 여자아이의 허리를 잡고 끌어 내리려 하자 아이가 끌려가지 않으려고 두 손으로 엘리베이터의 문을 잡고 필사적으로 매달렸습니다. 이에 다급해진 남성이 여자아이를 무차별적으로 폭행하는 장면이 엘리베이터 내에 설치된 CCTV에 고스란히 담겼습니다.

그런데도, 경찰이 단순폭행 사건으로 은폐 축소하려 했던 것이 CCTV가 공개되면서 만천하에 드러나게 되자 온 나라가 발칵 뒤집혔습니다. 이에 격분한 학부모들이 이제 더 이상 공권력도 믿을 수 없다며, 하교 시에 학부모들이 직접 자신의 아이들을 데리러 학교 앞으로 몰려왔습니다. 당시 학교 앞 상황을 떠올려 보면, 교문 앞에는 경찰관이 항상 대기 상태에 있었으며, 실버 지킴이 노인 두 분도 경찰과 함께 온종일 교문 앞을 지키고 있었습니다.

학부모들도 일고여덟 명씩 조를 이루어 매시간 학교 주변을 순찰했으며, 교사들도 같은 방법으로 학교 안팎을 순찰했습니다. 이러다 보니 학교 주변은 늘 많은 사람으로 인하여 북새통을 이루고 있었습니다. 이런 상황을 한동안 지켜본 저는, 더 이상 학교 전도는 불가능하다는 결론을 내리고 새로운 전도 방법을 찾기 위해 혼자 집에서 온갖 방법을 다 동원하고 있었습니다.

하지만, 시간이 갈수록 학교 전도에 대한 미련을 떨칠 수 없어서 용기를 내 학교 앞으로 가보지만, 주위에서 느껴지는 싸늘한 경계의 눈빛에 기가 죽어 전도할 엄두도 못 내고 발걸음을 돌려야 했습니다. 더 이상 제 힘으로 해결할 문제가 아님을 그제야 깨달은 저는 하나님 앞에 무릎을 꿇고 학교 전도의 문을 열 방법을 알려 달라고 간절히 기도하기 시작했습니다.

그런데 놀랍게도 제 생각과는 달리 하나님께서 빠르게 응답을 주셨습니다. 하나님께서 저에게 주신 응답은 사탕을 준비해서 학부모들을 만나라는 것이었습니다. 저는 하나님의 말씀을 듣는 순간, 제가 잘못 들은 것은 아닌지 제 귀를 의심했습니다. 요즘 아이들도 사탕을 잘 먹지 않는데 하물며, 어른들에게 사탕을 주면서 전도하라는 하나님의 말씀이 제가 생각하기에도 설득력이 매우 부족해 보였습니다.

그 순간, 갑자기 머리를 스치는 생각이 하나님은 태초에 하나님이시다 보니, 이제 연세도 많이 드시고 해서 현실감이 떨어졌을지도 모른다는 생각이 들었습니다. 그래도 하나님은 이런 터무니 없는 생각을 하는 저를 나무라지 않으시고 좀 더 구체적으로 말씀해 주셨습니다.

하나님께서 저에게 보다 구체적으로 주신 감동은 가까운 슈퍼에 가면 세계적으로 잘 알려진 막대 사탕이 있는데, 그 사탕을 사서 교문 앞에서 자녀를 기다리는 학부모에게 건네 주라는 것이었습니다. 그리고 사탕을 건넨 뒤 이어서 제가 하고 싶은 말을 전하라는 것이었습니다.

저는 썩 마음이 내키지 않았지만, 순종하는 마음으로 동네 슈퍼에 가서 한 깡통에 백 개가 담겨 있는 막대사탕 한 통을 구매했습니다. 그리고 예쁜 종이봉투에 사탕과 전도지를 담아서 오랜만에 학교 앞으로 나갔습니다. 그리고 예쁜 종이봉투에 사탕과 전도지를 담아서 오랜만에 학교 앞으로 나갔습니다.

학교에 도착해 보니, 여전히 많은 사람으로 붐비는 가운데 분위기는 전혀 달라진 게 없어 보였습니다. 바로 그때 학부모 한 분이 제 앞에 자리를 잡고 서서 교실 쪽으로 시선을 고정한 채 미동도 하지 않고 그쪽만 뚫어지게 응시하고 있었습니다. 저는 용기를 내어 학부모 곁으로 다가가 밝은 목소리로 인사를 했습니다.

"안녕하세요. 어머니!"

그러자 제 목소리를 들은 학부모님께서 고개만 옆으로 돌린 채 경계의 눈빛으로 저를 쏘아보았습니다. 저는 최대한 예의 바른 표정과 몸짓으로 사탕을 내밀며 말했습니다.

"어머니, 자녀가 수업을 마치고 나오면 어머니의 달콤한 마음을 담아서 공부하느라고 지친 자녀에게 피로회복제로 이 사탕을 전해 주세요."

그러자 저의 우려와는 달리 감동한 표정을 지으며, 망설임 없이 선뜻 사탕을 받아 주었습니다. 저는 기회를 놓치지 않고, 전도지를 내밀며 말했습니다.

"어머니, 저는 교회에서 나왔는데요. 이 전도지에는 자녀를 성공시키는 10가지 비결이 적혀 있습니다. 이 방법대로 자녀를 가르치면 아이가 농땡이 부리지 않고, 잘 자라서 앞으로 아빠 엄마 비행기 태워 해외여행 보내드릴 겁니다. 만약, 자녀를 이 방법대로 가르치기가 힘드시면 자녀를 교회로 보내주세요. 교회 선생님들이 자녀를 훌륭하게 교육해줄 겁니다."

그리고 전도지를 전했더니 귀한 선물 받듯 정성스럽게 전도지를 받아주었습니다. 이에 용기를 얻은 저는 주위에 계시는 다른 학부모들에게도 같은 방법으로 사탕과 전도지를 전했는데, 대부분의 학부모님이 스스럼없이 사탕과 전도지를 받아 주었습니다. 그중 어떤 분은 자기 자녀를 꼭 교회에 보내겠다고 약속하는 분도 계셨으며 또 어떤 분은 자신도 교회 다니고 싶다며 연락처를 알려 주는 분도 계셨습니다. 하나님이 가르쳐 주신 사탕 전도법은 그야말로 성공 중에 대성공이었습니다.

첫날은 학부모들에게 저를 알리는 정도로 만족하고 집으로 돌아오면서 잠시나마 하나님을 의심한 제 자신이 너무 부끄러워 얼마나 하나님께 회개의 기도를 드렸는지 모릅니다.

이후에도 사탕 전도를 마치고 나면 한동안 지난 일이 생각나서 하나님께 늘 송구스러운 마음뿐이었습니다. 하지만, 언제까지 의기소침해 있을 수만은 없었습니다. 그래서 지금까지의 모든 것을 내려놓고 예전과 같이 학교 앞에서 본격적으로 복음을 전하기 시작했습니다. 그때 가까이서 이 광경을 지켜보던 경찰관이 저를 제지하려 하자 주위에 계시던 학부모들이 이분은 괜찮다면 오히려 저를 도와주었습니다.

그리고 자기 자녀들이 복음을 듣고 있으면 제 말이 끝날 때까지 한참을 기다려 주었습니다. 저는 사탕 전도를 계기로 아이들을 교회로 인도하기 위해서는 먼저, 부모님의 마음을 얻는 것이 무엇보다 중요함을 깨닫고 부모님들의 마음을 얻기 위해 저의 기량을 총동원했습니다. 제가 학교를 방문한 학부모를 만나서 가장 먼저 한 일은 〈자녀를 성공시키는 10가지 비결〉이란 전도지를 전하며, 자녀들이 교회 출석하면 어떤 유익이 있는지 제대로 알리는 일이었습니다.

그래서 이 일을 위해 최선을 다하다 보니, 하나님께서 저에게 더 많은 학부모를 만날 방법을 알게 해 주셨습니다. 간혹 아이들 등교 시에는 날이 맑다가 하교 시에 갑자기 비가 내릴 때가 있습니다. 이럴 때 많은 학부모가 우산을 챙겨 들고, 학교 앞으로 모여들어 학교 앞은 순식간에 학부모들의 행렬로 장사진을 이루게 됩니다.

이때 아이들이 수업을 마치고 나올 때까지 기다리는 시간을 이용해서 마음 놓고 학부모들에게 사탕 전도를 할 수 있었습니다. 그리고 여름 장마철 비바람이 거세게 몰아칠 때는 학부모들이 비바람을 피해서 실내에 많이 들어와 계시므로, 생각보다 쉽게 사탕 전도를 할 수 있었습니다. 퀴즈입니다.

1년 중 학교에서 학부모 전체를 한 번에 모두 만날 수 있는 날은 언제일까요?

정답은 바로 운동회 점심시간입니다. 하지만, 이날은 일 년에 한 번뿐인 소중한 날인 만큼, 혹시 저로 인해 가족들의 오붓한 점심시간을 망칠까 봐 마음 놓고 전도하기가 몹시 조심스러웠습니다.

만일 사탕 전도 중에 단 한 가족이라도 싫은 내색을 보였으면 더 이상 사탕 전도를 하지 않았을 것입니다. 그런데 제가 넓은 학교 구석구석을 찾아다니며 아이들에게 후식을 사탕을 나눠 주며 사탕 전도를 했는데 이느

한 가족도 싫은 내색을 보이는 가족이 없었습니다. 정말이지, 하나님이 가르쳐 주신 사탕 전도법은 놀라움을 넘어 경이롭기까지 했습니다.

그렇게 하나님이 가르쳐 주신 사탕 전도는 저의 건강 문제로 더 이상 전도 현장에 설 수 없을 때까지 약 5년간 계속되었습니다. 비록 학교 전도는 본의 아니게 많은 아쉬움을 남긴 채 끝이 났지만, 한 달에 두 번 모이는 어르신 예친 모임만큼은 포기할 수 없었습니다. 그래서 힘은 들었지만, 여러 사람의 도움을 받으며 열심히 섬겼습니다. 하지만, 이 일도 그리 오래가지 못했습니다.

제가 예친 모임을 인도한 후, 점심을 먹기 위해 자리에 앉았는데 숟가락 들 힘이 없어, 그냥 멍하니 자리에 앉았다가 겨우 집으로 돌아온 적도 있었습니다. 어느 때엔 예배 중에 가슴이 답답해서 잠시 바깥에 나와 로비에 비치된 의자에 앉았다가 일어날 힘조차 없어, 낭패를 본 적도 있었습니다. 저는 이런 일을 여러 번 반복해서 겪다 보니, 교회 출석할 용기마저 잃고 말았습니다. 당시 저의 힘든 상황을 엿볼 수 있는 일기 한 장을 소개하겠습니다.

2014년 4월 13일(주일)

지난 주일에는 건강이 여의찮아서, 교회 들러서 예친 어르신들만 잠깐 뵙고 집으로 돌아왔다. 그래서 이번 주일에는 어르신들과 제대로 된 예배를 드려야겠다고 마음을 먹고 저녁에 열 손가락 끝부분을 바늘로 찔러서 피를 뽑았다. 어지럽거나, 몸에 힘이 빠지는 증상을 방지하기 위해서였다. 아침에 일어나 밥을 먹고 다시 양 검지 세 군데씩, 모두 여섯 군데를 바늘로 찔러 피를 뽑았다. 긴장하면 가슴이 두근거리거나 답답함을 제거하기 위해서였다. 그리고 집을 나서며 청심환도 조금 먹었다. 호출택시를 타고 교회로 가는 중에 갑자기 가슴에서부터 뜨거운 열기가 올라오기 시작했다. 평소 경험에 비추어봐서 곧이어 엄청난 고통이 밀려올 것을 알기에, 잠시 망설이다가 택시를 돌려 집으로 돌아오고 말았다. 집으로 오면서 지난번 교구 여전도사님이 하신 말씀이 문득 떠올랐다.

"집사님, 집사님이 교회 안 오시면 어르신들이 마치 부모를 기다리는 어린 아이같이 자꾸 집사님을 찾아요."

이 말을 생각할수록 마음이 아파서 더 이상 생각하지 않으려고 입술을 꽉 깨물었다. 앞으로 할 일이 참 많은데 건강이 따라주지 않아서 무척 속이 상했다. 몸이 건강할 때는 엉뚱한 짓으로 몸을 망쳐 놓고, 조금 정신을 차리고 보니 몸이 말을 듣지 않는다. 이 때가 하나님의 은혜가 필요한 때인데 아버지가 나를 쓰시기에 아직도 내가 많이 부족한 모양이다. 하루하루의 삶이 너무 고통스러워, 태어나서 처음으로 삶의 질에 대해 생각해 봤다.

저는 이날로부터 1년 8개월이 지난 2015년 12월경에 대장암 3기 판정 받았습니다. 그리고 1년 뒤 정기 검사 결과, 간과 비장에 전이된 것으로 나타났습니다. 그런 중에도 선교사님 기도 모임만큼은 지금까지 섬기고 있습니다. 그런데 이마저도 건강 악화로 드문드문 빠지기 시작했습니다. 저는 최근에 저 자신에게 두 가지 질문을 던졌습니다.

나는 이제 모든 것을 내려놓고 죽음을 준비할 것인가?

아니면 새로운 꿈을 이루기 위해 죽을 힘을 다할 것인가?

저는 후자를 선택했습니다. 하지만, 이 자리에선 저의 새로운 꿈은 밝히지 않겠습니다. 왜냐하면 그 꿈을 정녕 하나님이 주신 꿈이라면 머지않아, 사람들에게 알려질 것이라고 믿기 때문입니다.

내가 말할 때마다 외치며 파멸과 멸망을 선포하므로 여호와의 말씀으로 말미암아 내가 종일토록 치욕과 모욕 거리가 됨이니이다. 내가 다시는 여호와를 선포하지 아니하며 그의 이름으로 말하지 아니하리라 하면 나의 마음이 불붙는 것 같아서 골수에 사무치니 답답하여 견딜 수 없나이다(렘 20:8-9).

✝질문 당신은 선택의 근거를 어디에서 찾고 있습니까?
하나님의 말씀입니까, 세상 문화입니까?

> **추신**
> 저는 암 등 지병은 물론이거니와 코로나로 죽음의 문턱까지 갔지만, 하나님의 은혜로 아직 생존해 있습니다. 지금은 바깥출입은 전혀 하지 못하며 실내에서도 겨우 움직일 정도입니다. 그런 중에도 뜻이 있으면 길이 있다고 휴대전화를 통하여 댓글을 남기거나, 전하면서 나름 왕성하게 거듭남의 복음을 전하고 있습니다.

제2장

성경에서 바라본 후회의 사람, 반성의 사람, 회개의 사람

1. 후회의 사람

성경에서 바라본 후회의 사람이라면 단연코 인류 최초의 조상인 아담과 하와를 빼놓을 수 없을 것입니다. 하나님께서 6일 동안 천지를 창조하시고 6일째 되는 날, 하나님의 형상대로 사람을 지으시고 생기를 그의 코에 불어 넣으셔서 아담을 탄생시키셨습니다.

그 후 에덴동산을 창설하셔서 아담을 거기에 두고 다스리며 지키게 하셨습니다. 에덴동산에는 온갖 아름다운 나무와 먹기에 좋은 과일들이 있었으며 동산 중앙에는 선악을 알게 하는 나무도 있었습니다. 하나님께서 아담에게 명령하셨습니다.

"동산의 각종 과일은 마음대로 먹되 선악을 알게 하는 나무 열매는 절대 먹지 말라."

그리고 먹는 날에는 반드시 죽는다고 단언하셨습니다. 그리스도인들 가운데 많은 분이 이 말씀에서 한 가지 풀리지 않은 의문을 가지게 됩니다.

왜 하나님께서는 하필이면, 선악과를 만드셔서 하나님이 지으시고 심히 좋아하신 아담과 하와를 불순종의 길을 걷게 하셨는지 참으로 궁금하지 않을 수 없습니다. 그래서 이 궁금증을 한번 풀어 보겠습니다. 하나님은 창세 전에 인간들의 타락상을 미리 아시고, 자기 아들을 통한 구원 계획을 이미 세워 놓으셨습니다

> 네가 너로 여자와 원수가 되게 하고 네 후손도 여자의 후손과 원수가 되게 하리니 여자의 후손은 네 머리를 상하게 할 것이요 너는 그의 발꿈치를 상하게 할 것이니라 하시고 (창 3:15).

이 구절에서 지칭하는 여자의 후손은 우리를 죄에서 건져내실 메시아 예수 그리스도를 말하며, 죄에 대한 저주 속에서도 하나님의 구원 계획을 보여주는 최초의 메시아에 대한 예언으로서 '원시 복음'이라고 불립니다.

위의 말씀과 같은 맥락에서 선악과를 만드신 하나님의 의중을 살펴보면 하나님께서는 인간들이 하나님의 말씀에 불순종할 것을 처음부터 아시고, 인간들이 하나님께 저지르는 불순종의 대가가 얼마나 크고 무서운지를 선악과를 통하여 우리에게 미리 깨우쳐 주신 것입니다. 그러므로 선악과는 하나님이 인간에게 주신 인류 최초의 율법입니다.

하나님이 만드신 들짐승 가운데 뱀이 가장 간교했습니다. 뱀이 가만히 하와에게 접근해서 하와를 꼬드겼습니다. 뱀이 유혹하기를 너희가 선악과를 따 먹으면 하나님이 말한 대로 반드시 죽는 것이 아니라, 하나님과 같아질 수 있다며 하와의 탐심을 자극했습니다. 이에 뱀에게 유혹당한 하와는 금단의 열매인 선악과를 자신도 따먹고, 함께 있는 아담에게도 주워 먹게 했습니다.

순간 눈이 밝아진 두 사람은 자신들이 발가벗었음에 수치심을 느끼고 나뭇잎으로 치마를 만들어, 자신들의 몸을 가렸습니다. 아마 이 순간부터 인류의 조상인 아담과 하와는 자신들의 행동이 얼마나 잘못된 것인지 깨닫고 몹시 후회하기 시작했을 것입니다. 이들이 초조한 마음으로 동산을 배회하다가 하나님의 임재를 느끼고, 깜짝 놀라 나무 사이로 몸을 숨겼습니다.

그리고 하나님께 발각되지 않으려고 숨을 죽였습니다. 하지만, 이들의 간절한 마음과는 달리 하나님께서 아담을 바로 부르셨습니다. 하나님의 부르심에 놀라, 경기를 일으킨 아담은 기어들어 가는 목소리로 자신이 벗었으므로 두려워 숨어 있다고 대답했습니다. 하나님께서 곧바로 선악과를 먹은 아담을 추궁하시자, 아담은 불만 가득한 목소리로 이 모든 일이 하나님이 내게 배필로 주신 여자 때문이라며 하나님께 책임을 전가했습니다.

이어서 하나님께서 하와를 추궁하시자 하와 역시 뱀에게 모든 책임을 전가했습니다. 하나님께서 아담과 하와에게 죄를 추궁하시면서 몇 번 회개의 기회를 주셨음에도 불구하고, 이들은 오로지 변명과 책임 전가로 일관했습니다.

> 이르시되 누가 너의 벗었음을 네게 알렸느냐 내가 네게 먹지 말라 명한 그 나물 열매를 네가 먹었느냐 아담이 이르되 하나님이 주셔서 나와 함께 있게 하신 여자 그가 그 나무 열매를 내게 주므로 내가 먹었나이다 여호와 하나님이 여자에게 이르시되 네가 어찌하여 이렇게 하였느냐 여자가 이르되 뱀이 나를 꾀므로 내가 먹었나이다 (창 3:11-13).

만일 이 당시 아담과 하와가 하나님 앞에 무릎을 꿇고, 눈물로 자신들의 잘못을 회개했다면 아담의 후손인 우리들은 지금과는 다른 세상에서 살고 있을 것입니다. 이렇게 후회는 반성이나 회개와는 달리, 자기의 잘못을 상대에게 전가하거나 상대를 원망하는 경우가 대부분입니다.

이어서 소개할 후회의 인물은 세월을 훌쩍 뛰어넘어, 예수님 활동 당시 부자와 거지에 등장하는 부자 양반입니다. 부자는 고가의 외국산 명품 옷을 걸치고 날마다 호화스러운 파티를 즐겼습니다. 집안은 파티에 초대된 손님들로 온종일 북적거렸으며 언제나 맛있는 음식이 넘쳐났습니다.

한편 부자의 대문 앞에는 헌데투성이의 거지 나사로가 버려진 채 부자의 상에서 떨어지는 음식 부스러기라도 얻어먹으려고 매일 목을 빼고 있었습니다. 얼마나 오랫동안 씻지 못했는지 까마귀가 친구라고 부를 정도였으며, 심지어 개들이 와서 그의 헌데를 핥았습니다. 추위와 배고픔과 온갖 구박에 시달리던 거지는 죽어서 천사들에게 받들려 아브라함의 품에 안겼습니다.

영원할 것 같던 부자의 향락도 어느덧 끝이 나고, 부자도 죽어서 지옥 불에 떨어져 밀려오는 후회와 고통 속에서 몸부림치고 있었습니다. 그러다 우연히 저 멀리 아브라함의 품에 안겨 있는 거지 나사로를 보았습니다. 극심한 고통에 시달리던 부자는 견디다 못해, 거지 나사로의 손끝에 물 한 방울을 찍어 보내 자기의 뜨거운 혀를 식혀 달라고 아브라함에게 눈물로 애원했습니다. 하지만, 부자의 절규를 들은 아브라함의 대답은 냉담했습니다.

"부자야, 너는 세상에 있을 때 원 없이 먹고 마시지 않았느냐? 그러면서 한 번이라도 궁핍한 자나 병든 자를 돌본 적이 있느냐? 너는 살아생전에 누릴 것을 다 누렸으니 그것으로 충분한 줄 알거라. 내 품에 안겨 있는 나사로는 세상에서 많은 고난을 겪었으니, 여기서 위로를 받느니라. 그리고 네가 알아야 할 것은 그곳과 이곳 사이에는 큰 구렁텅이가 놓여 있어 서로 왕래할 수 없단다."

아브라함의 설명을 들은 부자는 절망스러웠지만, 자신의 다섯 형제만큼은 절대 이곳에 오지 않게 해야겠다고 마음을 먹었습니다. 한참을 궁리하던 부자는 아브라함에게 부탁하길, 나사로를 아버지 집에 살려 보내 자신의 다섯 형제에게 이곳의 참상을 알려줄 수 있게 해 달라면서 다시 한번 아브라함에게 간청했습니다. 이에 아브라함이 부자에게 대답하였습니다.

"이미 하나님께서 오래전에 성경을 통하여 이 모든 일을 알려 주셨으므로 말씀을 가까이하면 충분히 깨달아 알 수 있다."

아브라함의 대답을 들은 부자는 답답한 마음을 감추지 못하고 고개를 좌우로 세차게 흔들며 말하길, 자기 형제들은 절대로 말씀을 읽거나 들을 위인들이 못 되지만 만일 죽은 자가 살아가서 그들에게 알리면 그들이 충격을 받아서 뉘우치며 회개할 것이라고 아브라함을 설득했습니다.

부자의 때늦은 열심을 딱하게 여긴 아브라함이 부자를 달래듯, 다시 한 번 말해 주었습니다.

> 부자야, 하나님의 말씀을 듣고 회개하지 않으면 아무리 큰 기적을 경험한다 해도 절대로 마음이 변하지 않는단다.

더 이상 할 말을 잃은 부자는 다시 한번 자기 삶을 돌아보고 가슴을 치며 후회했을 것입니다. 그리고 우리에게 이렇게 당부할 것 같습니다.

> 여러분!
> 회개의 유효기간은 살아서 숨을 쉴 때까지 임을 명심 또 명심하십시오.

2. 반성의 사람

반성의 인물을 소개하기 전에, 먼저 이스라엘 열두 지파의 아버지이며 이스라엘 민족을 대표하는 이름이 된 야곱의 가족관계를 살펴볼 필요가 있습니다. 야곱은 이삭과 리브가의 둘째 아들이며, 에서의 쌍둥이 동생으로 태어났습니다.

그는 이름만큼이나 야심가로서 팥죽 한 그릇으로 형에서의 장자 권을 빼앗았으며, 어머니와 모의하여 아버지 이삭으로부터 장자의 축복권까지 가로챘습니다. 이에 분노한 에서는 아버지 이삭이 죽는 즉시 야곱을 살해할 계획을 세웠습니다. 이를 눈치챈 리브가는 야곱을 살리기 위해, 그녀의 친정 오빠 라반이 사는 하란으로 야곱을 피신시켰습니다.

숱한 역경을 겪으며 하란에 도착한 야곱은 우물터에서 우연히 외삼촌 라반의 둘째 딸 라헬을 만났습니다. 그녀는 무척 아름다워서 야곱이 첫눈에 반했습니다. 그 후 야곱은 라헬과 결혼하기 위하여 자진해서 외삼촌 라반의 집에서 7년 동안 무보수로 일했습니다.

그런데도 라헬을 지극히 사랑한 야곱은 기쁜 마음으로 7년을 며칠같이 보냈습니다. 드디어 라헬과 성대한 결혼식을 치르고 꿈같은 첫날밤을 보냈습니다. 그런데 야곱이 아침에 자리에서 눈을 떠 보니, 자신의 곁에 라헬이 아닌 언니 레아가 누워 있었습니다. 몹시 화가 난 야곱이 외삼촌 라반에게 거세게 항의하자, 당황한 라반이 변명하길 '이 지방의 관례상 절대로 언니보다 아우를 먼저 혼인시킬 수 없으니 잔치가 끝나는 대로 칠일을 먼저 일하라, 그러면 라헬도 너에게 주겠다'며 야곱을 달랬습니다. 그리고 뻔뻔하게 앞으로 7년을 더 무보수로 일하라고 야곱에게 요구했습니다. 그런데도 라헬을 너무 사랑한 야곱은 군말 없이, 다시 7년을 외삼촌 라반을 위하여 열심히 일했습니다.

야곱의 가족관계는 이러합니다. 야곱은 첫째 부인 레아에게서 아들 르우벤, 시므온, 레위, 유다, 잇사갈, 스불론과 딸 디나를 낳았으며 레아의 몸종인 실바에게서 갓, 아셀을 낳았으며 라헬의 몸종인 빌하에게서 단과 납달리를 낳았습니다. 그러나 야곱이 사랑하는 부인 라헬은 자식을 낳지 못해 포기할 즈음에, 하나님이 라헬의 소원을 들으시고, 태를 여셔서 아들 요셉을 얻었습니다.

그 후, 야곱은 우여곡절 끝에 외삼촌 라반의 손아귀에서 벗어나 탈출에 성공했으며, 세상에서 가장 두려운 존재였던 형 에서와도 극적인 화해를 했습니다. 하지만, 안타깝게도 첫 번째 부인 레아와의 사이에서 태어난 딸 디나가 가나안 땅 세겜에서 혼자 외출 중에 그 땅의 추장에게 끌려가, 강간당하는 비극적인 사건이 일어났습니다. 이로 인하여 야곱의 집안은 발칵 뒤집혔으며 특히 친오빠들의 분노가 극에 달했습니다.

이에 야곱의 아들들이 이를 갈며 복수를 다짐했지만, 그들에 비해 힘이 부족해 마땅한 방법을 찾지 못하다가 마침 디나를 강간한 추장 세겜의 아버지 하몰이 자기 아들이 디나와 혼인하게 해 달라는 간청을 이기지 못하고 야곱에게 두 사람의 혼인을 제안하러 왔습니다.

이 말을 들은 디나의 오빠들이 계략을 짜서 그들에게 할례를 받게 하고, 그들이 고통 중에 있을 때 그 성읍의 모든 남자를 다 쳐 죽였습니다. 그리고 그들의 자녀와 아내들을 사로잡고, 그들의 모든 재물을 강탈했습니다. 이 소식을 전해 들은 야곱은 주위에 다른 족속들이 힘을 합쳐, 자기 가족들을 공격할 것이 거의 명백하므로 이 일을 도모한 디나의 친오빠 시므온과 레위를 불러 그들을 크게 원망하였습니다.

그리고 이 일로 인하여 야곱이 두려움에 떨고 있을 때 하나님께서 야곱에게 벧엘로 올라가라고 말씀하셨습니다. 벧엘은 야곱이 형 에서를 피해 외삼촌 라반의 집으로 피신할 때, 광야에서 잠을 자기 위해 하룻밤 머문 곳으로 야곱은 이곳에서 처음으로 하나님을 뵈었습니다.

다음 날. 아침 일찍 야곱은 이곳에 돌단을 쌓고, 하나님의 집 벧엘이라 이름하였습니다. 야곱은 하나님의 적극적인 도우심을 믿고 가족들을 데리고 벧엘로 향했습니다. 하나님께서는 야곱 일행을 추격하려는 부족들의 마음에 두려움을 느끼게 하셔서 추격을 포기하게 했습니다. 하나님의 도우심으로 벧엘에 무사히 도착한 야곱 가족은 그곳에서, 하나님과 동행하며 얼마의 날을 보낸 뒤, 벧엘을 떠나 에브랏으로 향했습니다. 야곱 가족이 에브랏 도착을 눈앞에 두고 있을 때, 야곱의 두 번째 아내 라헬이 해산하다 심한 산고 끝에 목숨을 잃는 불행한 사고가 일어났습니다. 야곱은 안타깝게도 벧엘에서 에브랏으로 가는 길에서 사랑하는 아내 라헬을 잃고 대신 막내아들 베냐민을 얻었습니다.

이쯤 해서 야곱의 가족 소개를 마치고 주제인 반성의 인물로 야곱과 레아의 네 번째 아들 유다를 소개합니다.

유다는 열한 번째 동생인 요셉이 아버지 야곱으로부터 남다른 사랑을 받는 것과 그의 '곡식단 꿈'과 '해, 달, 열 한 별 꿈'으로 인하여 더욱 화가 난 형제들과 함께 요셉을 죽이기로 모의하였다가 마음을 돌이켜 형제들을 설득하여 요셉을 상인들에게 노예로 팔게 한 장본인입니다.

그 후 유다는 가족을 떠나 가나안 사람 수아의 딸과 결혼하여 엘, 오난, 셀라 세 아들을 낳았습니다. 자녀가 장성하자 유다는 장자 엘의 신붓감으로 한 성격 하는 여인 다말을 며느리로 삼았습니다.

이때부터 유다의 집안에 비극의 그림자가 드리워지기 시작했습니다. 큰아들 엘이 하나님 보시기에 악하므로 하나님의 진노가 임하여 죽게 되자 유다는 둘째 아들 오난에게 다말을 주어 대를 이으려고 했지만, 오난 역시 악한 행실로 죽게 됩니다.

이에 마지막 남은 막내아들까지 잃을까 두려움에 사로잡힌 유다는 다말을 속여, 셋째가 성장할 때까지 친정집에 가서 수절하고 기다리라며 다말을 친정집으로 쫓아 버렸습니다. 친정집으로 쫓겨간 다말은 셀라가 성장 할 때까지 수정하며 기다렸지만, 시아버지 유다에게서 아무런 소식이 없자, 그제야 자신이 속은 줄을 깨닫고 그때부터 셋째 셀라를 통하여 대를 잇겠다는 희망을 완전히 포기한 다말은 대신 시아버지 유다를 통해서라도 대를 잇겠다는 무서운 계획을 세웠습니다.

한동안 잠잠하던 유다의 집안에 또 한 번 시련이 찾아왔습니다. 두 아들을 잃은 슬픔과 충격으로 힘들어하던 유다의 아내가 세상을 떠났습니다. 실의에 빠져있던 유다는 절친인 아둘람 사람 히라의 위로를 받고 힘을 얻게 되자 히라와 함께 양털 깎으러 딤나로 가게 되었습니다.

이 소식을 전해 들은 유다의 며느리 다말은 앞으로 다시 없을 기회로 생각하고, 자신의 과부 옷을 벗어 버리고, 화려한 옷으로 치장한 다음 너울로 자기 얼굴을 숨긴 채 유다 곁을 오가며 그를 유혹했습니다.

다말의 자태를 본 유다는 그녀를 창녀로 오해하고 그녀에게 동침의 대가로 염소 새끼 한 마리를 주기로 약속했습니다. 하지만, 유다에게 당장 염소 새끼가 없으므로 담보물로 자신의 도장과 끈 그리고 지팡이를 다말에게 맡겼습니다.

얼마 후, 집으로 돌아온 유다는 친구 히라에게 염소 새끼를 주어 자기 담보물을 찾아오게 딤나로 보냈지만, 이미 다말은 자취를 감춘 뒤였습니다. 친구 히라로부터 상황을 전해 들은 유다는 마음이 편치 않았지만, 자신은 약속을 지켰다며 모든 상황을 그녀의 탓으로 돌리고 애써 잊어버렸습니다.

그러나 문제는 정작 석 달쯤 뒤에 일어났습니다. 유다의 며느리 다말이 다른 남자와 놀아나 임신했다는 소문이 유다가 사는 동네까지 파다하게 퍼졌습니다. 이에 불같이 화가 난 유다는 동네 장정들을 시켜 다말을 그 자리에서 불태우게 했습니다. 시아버지 유다가 보낸 장정들에게 꼼짝없이 끌려 나온 다말이 다급하게 도장과 끈과 지팡이를 장정들에게 내어 보이며, 이 물건 주인으로 인하여 임신하였으니, 이 물건들을 자기 시아버지 유다에게 보여 주라고 요청했습니다.

다말의 요청을 받아들인 장정들이 급히 한 사람을 유다에게 보내 다말이 준 물건들과 다말이 한 말을 전했습니다. 그제야, 비로소 대를 잇겠다는 한 여인의 절박한 심정을 유다는 알게 되었습니다. 그리고 자신이 며느리 다말과 약속을 지키지 못했음에 깊은 뉘우침이 뒤따랐습니다. 유다의 용서로 목숨을 건진 다말은 유다의 자식인 베레스와 세라 두 쌍둥이 사내아이를 낳았으며, 자기 잘못을 깊이 뉘우친 유다는 다시 다말을 가까이하지 않았습니다.

이후 유다는 창세기 후반부에서 큰 활약상을 보여 줍니다. 유다의 빛나는 활약상은 이러합니다. 형들로부터 애굽의 노예로 팔려 간 요셉이 수많은 고난 끝에, 애굽 총리가 되었을 때 하나님의 섭리로 인하여 애굽 온 땅과 이웃 여러 나라에 심한 흉년이 찾아왔습니다. 이때 유다를 위시한 요셉의 형들이 아버지 야곱의 명령을 받고 애굽으로 양식을 구하러 갔습니다. 이들은 자신들이 애굽의 노예로 팔아넘긴 요셉이 애굽의 총리가 된 줄은 꿈에도 모른 채, 자신의 정체를 숨긴 요셉으로부터 여러 가지 시험을 받았습니다.

그때 자신의 목숨도 아끼지 않는 유다의 가족 사랑을 요셉에게 보여주므로 요셉이 큰 감동을 하고 형제들을 용서하는 계기가 되었습니다. 이렇게 철저하게 반성하고, 잘못을 깊이 뉘우친 유다는 자기 삶 가운데 치명적인 실수가 있었음에도 유다 지파의 조상과 오실 메시아의 조상이 되는 영광을 함께 누리게 되었습니다.

계속해서 신약성경에서 만나볼 반성의 인물은 재물이 많은 부자 청년입니다. 그는 명문 가문에서 태어나, 일찍부터 율법 공부를 시작했으며 끊임없는 자기 성찰과 반성을 통하여 철저하게 율법을 지켜온 준수한 청년이었습니다. 그런데도, 그의 마음 한편에는 늘 구원에 대한 풀리지 않는 목마름이 있었습니다.

그는 이 문제를 해결하기 위하여 많은 교사를 찾아다녔지만, 그의 마음을 시원하게 해 줄 답은 얻지 못했습니다. 그의 고뇌가 날로 깊어갈 즈음 주위에 이상한 소문이 나돌았습니다. 나사렛에서 예수라는 젊은 선지자가 일어났는데 그가 귀신을 쫓아내며 모든 질병과 약한 것을 고치며 죽은 자도 살린다는 것이었습니다. 청년은 도무지 믿기지 않았지만, 많은 사람이 몰려가는 것을 보고, 직접 자기 눈으로 확인해 보기로 마음을 먹었습니다.

그리고 다음 날, 바로 현장을 찾아간 청년은 모인 군중들과는 멀찌감치 떨어진 곳에 자리를 잡고 주위를 살펴보기 시작했습니다. 그 순간 그의 눈에 수많은 병자가 줄을 지어 누워 있는 모습이 보였습니다. 난생처음 보는 광경에 놀란 청년이 눈으로 떼지 못하고 보고 있는데, 한 젊은 남자가 병자들 사이로 오가며 그들에게 손을 대자, 죽은 듯이 누워있던 병자들이 벌떡벌떡 일어나 자신들이 누웠던 자리를 들고 걸어서 나가는 것이 아니겠습니까? 이 놀라운 광경을 부자 청년은 자신의 두 눈으로 똑똑히 보았습니다.

설마 하여 찾아간 다음 날, 또 그다음 날도 부자 청년이 보는 눈앞에서 이런 기적들이 계속해서 일어났습니다. 이제, 더 이상 의심의 여지를 찾지 못한 부자 청년은 예수님 앞에 나아가 무릎을 꿇고, 자기가 어떻게 살아야 구원을 얻을 수 있는지 예수님께 여쭈어 보았습니다.

이에 예수님께서 청년에게 말씀하시길, 하나님이 주신 계명을 잘 지켜 행하라고 일러 주셨습니다. 그러자 부자 청년은 예수님의 말씀이 끝나기가 무섭게 자신은 이 모든 계명을 어릴 적부터 철저히 지켜오고 있다며, 자부심을 품고 대답했습니다.

청년의 의로운 삶을 위한 부단한 노력을 대견스럽게 여긴 예수님께서 청년에게 한 가지 과격한 제안을 하셨습니다. 예수님께서 부자 청년에게 말씀하시길, 가서 네 재산을 모두 팔아 가난한 사람에게 나누어 주고 와서 나를 따르라고 하셨습니다. 예수님께서 열두 제자를 부르실 때를 제외하고 이렇게 적극적으로 누구를 부르신 적이 없었습니다.

예수님께서는 부자 청년에게 당신의 제자가 될 수 있는 절호의 기회를 주신 것입니다. 하지만, 재물에 미련이 남은 부자 청년은 한참을 망설이다 예수님의 제자가 되는 영광스러운 자리를 스스로 포기해 버렸습니다.

현실의 그리스도인들은 어떠합니까?

성경 말씀에서 벗어난 삶은 그리스도인 스스로 예수님의 제자가 되는 길을 포기하는 것입니다.

부자 청년과 무엇이 다르겠습니까?

> 한 사람이 두 주인을 섬기지 못할 것이니 혹 이를 미워하고 저를 사랑하거나 혹 이를 중히 여기고 저를 경히 여김이라 너희가 하나님과 재물을 겸하여 섬기지 못하리라 (마 6:24).

이 상황을 숨죽여 지켜보는 제자들에게 예수님께서 말씀하시길, 부자가 천국에 들어가는 것이 얼마나 어려운지 낙타가 바늘 구멍을 통과하는 것보다 어렵다고 말씀하셨습니다. 당시의 가르침으로 부자는 하나님으로부터 특별한 복을 받은 사람으로 알고 있던 제자들은 부자가 구원받지 못하면 과연 누가 구원을 받을 수 있는지 몹시 혼란스러웠습니다.

이런 제자들의 마음을 헤아린 예수님께서 제자들을 향해, 사람이 할 수 없는 것을 하나님은 다 하실 수 있다고 말씀해 주셨습니다. 하지만, 제자들은 예수님의 말씀이 선뜻 이해되지 않았습니다. 우리 역시 현실에서 말씀을 듣거나 묵상할 때 모든 말씀이 다 깨달아 알게 되는 것은 아닙니다. 하지만, 기도할 때마다 혹은 경험을 통하여 별안간 말씀이 깨달아지고 알게 되는 역사가 일어날 때가 있습니다.

부자 청년 역시 재물에 눈이 멀어 예수님을 떠나갔지만, 그의 구원의 목마름과 자기반성 그리고 뉘우침으로 인하여 끝내 주님의 부르심에 순종할 것임을 믿어 의심치 않습니다.

그러나 먼저 된 자로서 나중되고 나중된 자로서 먼저 될 자가 많으니라(마 19:30).

추신
제자들의 구원에 관한 궁금증은 누가복음 19장 '예수와 삭개오' 편에서 그 답을 유추해 볼 수 있습니다.

3. 회개의 사람

회개의 사람으로 -이스라엘의 별로 상징되는- 다윗 왕을 소개합니다. 다윗은 유다 자손 베들레헴 사람, 이새의 여덟 번째 막내아들로 태어나 어려서부터 양 떼를 치는 목동으로 잔뼈가 굵었습니다. 다윗은 초대 왕 사울에 이어 이스라엘의 두 번째 왕위에 오른 인물이기도 합니다. 이스라엘 민족은 출애굽 후 민족의 지도자 모세와 여호수아의 통치를 거쳐서, 하나님이 친히 보내시는 영적 지도자 사사들에 의해 오랫동안 통치를 받았습니다.

하지만, 사사들의 부패와 다른 나라의 왕정 제도가 부러웠던 이스라엘 백성이 사사 사무엘을 통하여, 하나님께 적극적으로 왕을 달라고 요청했습니다. 이에 많은 문제점이 있었음에도, 하나님께서 이스라엘 백성의 요구를 들어주셨습니다.

하나님의 섭리 가운데 이스라엘 초대 왕에 선출된 사울은 전혀 예기치 못한 상황에 놀란 나머지, 자신을 왕으로 세우려는 백성들의 눈을 피해 짐 보따리 사이에 숨어 있을 만큼 순진하고 겸손한 청년이었습니다.

그러나 왕 위에 오른 후 점점 교만해져, 하나님께서 사울을 왕으로 세운 것을 후회하실 정도로 사울 왕은 하나님께 두 번의 큰 잘못을 저질렀습니다.

첫째, 사울 왕이 하나님께 저지른 잘못은 이러합니다. 사울 왕이 블레셋과 전쟁을 치르기 전에, 하나님의 도우심을 위하여 제사를 준비하고 제사를 인도할 선지자 사무엘을 기다렸습니다.

하지만, 사무엘이 정해진 시간보다 늦어지자 백성들의 동요를 사전에 차단하기 위하여, 사울 왕이 직접 제사장의 직분을 취하여 제사를 행함으로 제사장의 역할을 가로채고, 자신의 위치를 망각함으로 사무엘 선지자로부터 호된 꾸지람과 함께, 사울과의 통치 기간이 얼마 남지 않았음을 사전에 통보받고 말았습니다. 그럼에도 사울 왕은 반성이나 회개는커녕, 자기변명에만 급급했습니다.

> 이에 내가 이르기를 블레셋 사람들이 나를 치러 길갈로 내려오겠거늘 내가 여호와께 은혜를 간구하지 못하였다 하고 부득이하여 번제를 드렸나이다 하니라(삼상 13:12).

둘째, 이 일이 있고 난 뒤 사울 왕이 하나님의 눈 밖에 나는 결정적인 두 번째 사건이 또 일어났습니다. 하나님께서 선지자 사무엘을 통하여 사울 왕에게 명령하셨습니다.
"이스라엘 백성이 애굽에서 나올 때 이들을 공격한 아말렉을 내가 벌하려 하니, 너는 가서 아말렉을 치되 그들의 모든 백성과 그들의 모든 소유물을 하나도 남김없이 철저하게 진멸하라."
그러나 사울 왕은 아말렉 왕 아각을 사로잡고 값진 재물과 살찐 짐승들은 몰래 남겨둔 채, 하찮은 것들만 진멸하였습니다.

> 사무엘이 사울에게 이른즉 사울이 그에게 이르되 원하건대 당신은 여호와께 복을 받으소서 내가 여호와의 명령을 행하였나이다 하니 사무엘이 이르되 그러면 내 귀에 들려오는 이 양의 소리와 내게 들리는 소의 소리는 어찌 됨이니이까 하니라(삼상 15:13-14).

하지만, 이 전쟁은 사울 왕이 처신한 것처럼 단순한 전쟁이 아니었습니다. 하나님께서 오래전부터 아말렉을 심판하실 것을 사전에 예고하셨습니다. 그러므로 사울 왕이 치러야 할 전쟁은 단순한 전쟁이 아닌 하나님을 대신한 성전을 치르는 것이었습니다. 그럼에도, 사울 왕은 자신이 해야 할 일을 제대로 파악하지 못하고 하나님의 명령을 뒤로한 채, 제 뜻대로 행하므로 하나님께 불순종이라는 대역죄를 짓고 말았습니다.

> 사무엘이 이르되 여호와께서 번제와 다른 제사를 그의 목소리를 청종하는 것을 좋아하심같이 좋아하시겠나이까 순종이 제사보다 낫고 듣는 숫양의 기름보다 나으니 이는 거역하는 것은 점치는 죄와 같고 완고한 것은 사신 우상에게 절하는 죄와 같음이라 왕이 여호와의 말씀을 버렸으므로 여호와께서도 왕을 버려 왕이 되지 못하게 하셨나이다 하니(삼상 15:22-23).

이 일로 인하여 하나님께서 사울을 왕으로 세운 것을 또다시 후회하시며, 선지자 사무엘을 통하여 사울 왕을 크게 질책하셨습니다. 사울 왕은 선지자 사무엘의 질책을 통하여 마지막 남은 회개의 기회가 있었음에도 여전히 변명과 자신의 체면 세우기에 급급한 나머지 영원히 회개의 기회를 놓치고 말았습니다.

> 사울이 이르되 내가 범죄하였을지라도 이제 청하옵나니 내 백성의 장로들 앞과 이스라엘 앞에서 나를 높이사 나와 함께 돌아가서 내가 당신의 하나님 여호와께 경배하게 하소서 하더라(삼상 15:30).

계속해서 이어지는 사울 왕의 불순종으로 인하여 하나님의 마음이 사울 왕을 떠나, 다윗에게 옮겨 간 사실을 알게 된 사울 왕은 두려움과 심한 질투심에 사로잡혀, 오로지 다윗 제거에 몰두하다 끝내 뜻을 이루지 못한 채, 블레셋과의 전투 중에 자신의 세 아들과 함께 비참한 최후를 맞았습니다.

사울 왕은 후회의 사람도 반성의 사람도 회개의 사람도 아닌 변명의 사람이었습니다. 변명은 필연적으로 거짓말을 동반하게 되므로 변명은 자연스럽게 거짓말의 통로가 됩니다. 하나님은 변명의 사람이 아닌 회개의 사람을 찾고 계십니다.

　사울 왕이 이어서 두 번째로 왕위에 오른 다윗 왕은 헤브론에서 칠년육개월 동안 유다를 다스렸으며 예루살렘에서 삼십 삼 년 동안 이스라엘과 유다를 통합하여 다스렸습니다. 다윗 왕은 하나님의 도우심으로 전쟁에서 승승장구하여 주위에 여러 나라를 제압하고, 그들로부터 섬김과 조공을 받았습니다. 그리고 나라가 안정되자 다윗 왕이 전투에 참여하는 횟수도 점점 줄어들었습니다. 대부분의 삶을 들판과 전쟁터에서 보낸 다윗 왕은 한가로운 왕궁 생활에 적응하기가 쉽지 않았을 것입니다.

　다윗 왕의 운명이 바뀌는 계기가 된 그 날도, 다윗 왕은 저녁 무렵이 되어서 침상에서 일어나 무료한 시간을 보내기 위해 왕궁 옥상을 거닐다 그곳에서 우연히 한 여인의 목욕하는 모습을 목격하게 되었습니다. 여인의 아름다운 자태에 마음을 빼앗긴 다윗 왕은 즉시 사람을 보내어, 그 여인이 누구인지 알아보게 하였습니다. 그리고 그 결과, 바로 현재 암몬 자손과 전쟁을 치르고 있는 헷사람 장수, 우리아의 아내 밧세바임을 알았습니다.

　다윗 왕의 왕궁에는 여러 명의 정실부인과 수많은 첩이 있음에도 불구하고, 정욕에 눈이 먼 다윗 왕은 자기가 아끼는 장수의 부인을 몰래 왕궁에 불러들여 동침하고, 아무 일도 없었다는 듯이 집으로 돌려보냈습니다. 감쪽같으리라고 믿었던 다윗 왕에게 예기치 못한 문제가 발생했습니다. 우리아의 아내가 자신이 임신했다는 사실을 다윗 왕에게 알려온 것입니다. 다윗 왕은 깊은 고민에 빠졌습니다.

　만일 전쟁터에서 돌아온 우리아가 이 사실을 알게 된다면 어떤 불상사가 벌어질지는 어느 사람도 예측할 수 없는 일이었습니다. 그리고 다른 부하 장수들에게 미칠 심적 영향도 간과할 수 없었습니다. 위기에 처한 다윗 왕은 고심 끝에 한 가지 묘책을 찾아냈습니다.

　다윗 왕은 암몬 자손과 전쟁 중인 군대 장관 요압에게 전령을 보내, 우리아를 왕궁으로 불러드렸습니다. 그리고 형식적으로 전선의 상황을 보고 받은 뒤, 우리아를 자기 집으로 보내 밧세바와 동침케 하여 자신의 죄를 은폐하려 했습니다.

하지만, 의리의 남자 우리아는 두 번이나 자기 집으로 가는 것을 거절하고 왕궁 문에서 고생하는 부하들과 함께 잠을 잤습니다. 이를 지켜본 다윗 왕은 도저히 우리아의 의지를 꺾을 수 없음을 알고 안타깝지만, 마지막 방법을 선택할 수밖에 없었습니다. 아침 일찍 전쟁터로 복귀하는 우리아를 통하여 군대 장관 요압에게 한 통의 편지를 전했습니다.

우리아를 통하여 다윗 왕의 편지를 받아본 군대장관 요압은 편지에 적힌 내용대로, 우리아를 용맹한 용사들이 많이 모여 있는 성에 진격할 때 앞장세워 싸우게 하였습니다. 또 작전대로 우리아를 제외한 나머지 군사들은 모두 몰래 퇴각하게 하였습니다. 결국, 우리아는 몇몇 부하들과 함께 적들에게 포위되어 장렬하게 전사했습니다. 군대장관 요압이 보낸 전령으로부터 이 사실을 보고 받은 다윗 왕은 전쟁터에서 누구에게나 일어날 수 있는 일이라며 우리아의 죽음을 우연한 전사로 덮어버렸습니다.

얼마 후, 남편의 전사 소식을 전해 들은 우리아의 아내 밧세바는 남편에 대한 미안함과 죄책감으로 목놓아 울었습니다. 다윗 왕은 우리아의 장례가 끝나기 무섭게 밧세바를 왕궁으로 데려와 자기 아내로 삼고, 자신들의 아이도 낳았습니다. 지금까지 모든 상황이 다윗 왕의 의도대로 된 것처럼 보였지만 하나님의 눈은 결코 피할 수 없었습니다.

그런 가운데 이제 모든 일이 자기 뜻대로 되었다며 가슴을 쓸어내리는 다윗 왕에게 하나님께서 나단 선지자를 보내어, 그의 죄를 준엄하게 꾸짖고 다윗 왕이 가히 상상할 수 없을 정도의 저주가 그와 그의 온 집에 임할 것을 강력하게 시사하였습니다(참고, 삼하 12:7-15).

이 위급한 상황에서 다윗 왕은 사울 왕과 같이 변명과 자신의 체면 세우기에 급급하지 않고, 하나님 앞에 꿇어 엎드려 정욕에 눈이 멀었던 자신의 죄를 철저하게 뉘우치고 회개했습니다.

> 하나님이여 내 속에 정한 마음을 창조하시고 내 안에 정직한 영을 새롭게 하소서 나를 주 앞에서 쫓아내지 마시며 주의 성령을 내게서 거두지 마소서(시 51:10-11).

이로 말미암아 용서받지 못할 죄를 지었음에도, 다윗 왕은 하나님의 마음에 맞는 사람으로 불리게 되었으며, 우리 가슴속에 영원한 별이 되어 남아있습니다. 이렇게 회개는 하나님과 인간 사이를 이어주는 다리와도 같습니다.

신약성경에서 만나볼 회개의 인물은 내적 회개와 외적 회개를 극명하게 잘 나타내 보여주는 두 사람의 세리입니다. 먼저 소개할 내적 회개의 주인공은 누가복음 18장에 소개된 바리새인과 세리의 비유에서, 자신이 지은 죄로 인하여 가슴 치며 통회하는, 겸손한 세리입니다.

예수님께서 이 장에서 자기만 의롭다 여기며, 다른 사람은 철저히 무시하는 자기중심적 신앙의 위험성을 제자들에게 비유로 말씀해 주셨습니다. 두 사람이 각각 기도하러 성전에 올라가고 있었습니다. 한 사람은 바리새인이요, 또 한 사람은 세리였습니다.

바리새인은 율법 규례에 대한 엄격한 준수뿐만 아니라 조상들의 관습과 전통도 중요시했습니다. 또한, 이들은 로마의 앞잡이가 되어 동족들에게 세금을 착취해서 자기의 배를 불리는 세리들을 매국노로 취급했으며, 심지어 회당 예배에 참석하지 못하도록 내어 쫓았습니다.

이렇게 세리를 철천지원수로 여기는 바리새인이 성전으로 올라가는 길에서 세리를 만나자 마치 못 볼 것을 보았다는 듯, 고개를 옆으로 돌린 채 빠른 걸음으로 세리를 지나쳐 갔습니다. 반면 세리는 고개를 숙이고 어깨를 늘어뜨린 채 도살장에 끌려가는 양처럼 힘없이 걸어가고 있었습니다.

성전에 먼저 도착한 바리새인은 남들이 잘 보이는 높은 자리에 홀로 서서, 주위에 들릴 정도의 큰 소리로 기도하기 시작했습니다.

바리새인은 서서 따로 기도하여 이르되 하나님이여 나는 다른 사람들 곧 토색 불의 간음을 하는 자들과 같지 아니하고 이 세리와도 같지 아니함을 감사하나이다 나는 이레에 두 번씩 금식하고 또 소득의 십일조를 드리나이다 하고(눅 18:11-12).

바리새인은 이 순간을 손꼽아 기다렸다는 듯이, 자기의 의를 마음껏 뽐냈습니다. 하지만, 세리는 죄책감에 사로잡혀 감히 고개도 들지 못한 채 가슴을 치며 비통하게 울부짖었습니다.

세리는 멀리 서서 감히 눈을 들어 하늘을 쳐다보지도 못하고 다만 가슴을 치며 이르되 하나님이여 불쌍히 여기소서 나는 죄인이로소이다 하였느니라(눅 18:13).

말씀을 마치신 예수님께서 제자들에게 "두 사람 가운데 하나님으로부터 믿음을 인정 받은 인물은 너희들이 생각하는 바리새인이 아니라 자신의 죄를 고백한 세리다."라고 말씀하셨습니다. 그리고 교만이 패망의 선봉임을 누구보다 잘 아시는 예수님께서 교만하지 말라며 거듭거듭 부탁하셨습니다.

형제들아 내가 그리스도 예수 우리 주 안에서 가진바 너희에 대한 나의 자랑을 두고 단언하노니 나는 날마다 죽노라(고전 15:31).

참된 그리스도인은 자신이 죄인임을 날마다 고백하는 자입니다. 내적 회개에 이어서 외적 회개의 주인공은 누가복음 19장에서 소개되는 세리장 삭개오입니다. 삭개오는 예수님 사역 당시의 인물로 물 좋은 여리고 세관의 세리장이었으며 부자였습니다. 하지만, 세리인 그는 동족들로부터 미움과 멸시의 대상이기도 했습니다. 삭개오는 자신의 직업에 대한 죄책감과 양심의 가책으로 늘 마음 한편에는 동족들에 대해 미안함이 자리 잡고 있었습니다.

그런 어느 날 삭개오는 한 무리의 사람들이 여리고 세관 앞으로 몰려오는 것을 목격했고, 직감적으로 예수님과 그를 따르는 무리임을 알았습니다. 예수님의 활동 상황을 사람들의 입을 통하여 익히 잘 알고 있는 삭개오는 호기심에 예수님의 얼굴이라고 한번 뵙고 싶었습니다. 하지만, 키가 작은 그는 사람들에게 가려서 제대로 예수님을 볼 수 없었습니다.

그러자 삭개오는 군중 앞으로 달려가서 창피함을 무릅쓰고 돌무화과나무 위로 기어 올라갔습니다. 나무 위에서 적당히 자리 잡은 삭개오는 점점 가까이 다가오시는 예수님을 자세히 보기 위해, 나뭇가지에 바짝 엎드려 예수님께 향하여 시력을 모았습니다. 무심코 지나쳐 가리라 생각했던 예수님께서 말씀하셨습니다.

"삭개오야 얼른 내려오너라. 내가 오늘 네 집에서 머물러야겠다."

예수님께서 한 번도 본 적이 없는 자신의 이름을 부르자 놀란 삭개오는 순간적으로 이분이 보통 분이 아니심을 느꼈습니다. 잽싸게 나무 위에서 내려온 삭개오는 예수님을 향해 연신 허리를 굽혀 절을 하면서 기쁜 마음으로 예수님을 자기 집으로 모셨습니다. 순간 주위의 분위기가 지금까지와는 달리 순식간에 냉랭하게 변했습니다.

그리고 주위의 무리가 수군거리며 하필이면 민족의 반역 죄인인 세리의 집에 쉬러 들어가셨다며 예수님의 행동을 비난했습니다. 이에 아랑곳하지 않고, 예수님을 자기 집으로 모신 삭개오는 예수님의 발을 씻겨 드리고 예수님과 예수님의 제자들에게 맛있는 음식을 대접했습니다.

그리고 밀려오는 성령의 뜨거운 마음을 주체하지 못하고, 예수님 앞에서 자기 재산의 절반을 가난한 사람들에게 나누어 주겠으며, 남의 것을 속여 빼앗은 것이 있으면 네 배로 갚겠다고 서약했습니다. 삭개오의 고백을 들은 예수님께서 크게 기뻐하시며, 삭개오를 구원받은 아브라함의 자녀로 인정해 주셨습니다.

이르시되 무릇 사람이 할 수 없는 것을 하나님은 하실 수 있느니라(눅 18: 27).

그리고 예수님께서 당신이 이 땅에 오신 이유는 죄인을 회개시켜 구원하기 위함임을 강조하셨습니다.

내가 의인을 부르러 온 것이 아니요. 죄인을 불러 회개시키러 왔노라(눅 5:32).

행함이 없는 믿음이 죽은 믿음인 것같이, 물질관이 바뀌지 않은 회개는 가짜 회개입니다.

제3장

회개와 거듭남

1. 거듭나야 하는 이유

인간이 소유하는 지식은 보거나 듣거나 배워서 알고 깨달아지는 것입니다. 열대 지방에 바나나가 지천으로 널려 있어도 우리들이 보거나 듣거나 배우지 않고는 바나나의 존재를 알 수 없습니다. 이것이 인간이 가지는 지식의 한계입니다. 음식을 먹을 때 느끼는 맛도 마찬가지입니다. 자신이 직접 먹어서 그 맛을 느껴 보지 않고는 그 맛을 제대로 알 수 없습니다. 그래서 고기도 먹어본 사람이 다시 찾는 것입니다.

이런 우리에게 죽음 이후의 세계를 설명한다면 어떻게 그 말의 뜻을 이해할 수 있겠습니까?

이해하지 못하는 것이 지극히 당연한 일입니다. 그러기에 우리에게 죽음 이후의 세계를 가르쳐 줄 누군가가 필요합니다. 그 필요를 채워 주실 분이 바로 성령님이십니다.

> 보혜사 곧 아버지께서 내 이름으로 보내실 성령 그가 너희에게 모든 것을 가르치고 내가 너희에게 말한 모든 것을 생각나게 하리라(요 4:26).

성령님은 삼위일체 하나님의 제 삼위이십니다. 그러므로 성령님은 우리들이 필요할 때마다 꺼내 쓰는 도구가 아닙니다. 성령님은 하나님 그 자체이십니다. 성령 하나님은 아버지 하나님이 예정하시고(엡 1:3-5), 아들 하나님이 구속한 사람들(엡 1:7)을 거듭나게 하십니다(엡 1:13-14).

회개는 의미상 거듭남과 동등한 뜻이 있습니다. 거듭남은 마음의 변화를 의미하고, 회개는 죄에 대한 관점의 변화를 의미합니다. 회개를 주시는 분이 성령님이십니다. 사람의 마음속에서 역사하시는 신적 의미의 효과가 바로 회개입니다.

인간의 소망은 자신의 실상을 깨닫고, 자신이 무가치한 죄인이라는 사실을 바로 아는 것부터 시작됩니다. 갈릴리 바다 어부였던 베드로는 예수님과 짧은 만남 가운데 그분의 신성을 느끼고 자신이 죄인임을 스스로 고백했습니다.

> 시몬 베드로가 이를 보고 예수의 무릎 아래에 엎드려 이르되 주여, 나를 떠나소서 나는 죄인이로소이다 하니(눅 5:8).

반면 예수님의 마지막 제자인 사도 바울은 자신의 신앙 말년에 예수님의 은혜로 말미암아 자신이 죄인 중에 괴수라고 자랑스럽게 고백했습니다.

> 미쁘다 모든 사람이 받을 만한 이 말이여 그리스도 예수께서 죄인을 구원하시려고 세상에 임하셨다 하였도다 죄인 중에 내가 괴수니라(딤전 1:15).

예수님께서 우리에게 물과 성령으로 거듭나지 않고는 하나님 나라를 볼 수도 들어갈 수도 없다고 하신 말씀을 이 두 사례를 통하여 깊이 인식하셔야 할 것입니다.

> 예수께서 대답하여 이르시되 진실로 진실로 네게 이르노니 사람이 거듭나지 아니하면 하나님의 나라를 볼 수 없느니라. 예수께서 대답하시되 진실로 진실로 네게 이르노니

사람이 물과 성령으로 나지 아니하면 하나님의 나라에 들어갈 수 없느니라(요 3:3-5).

마지막으로 아주 중요한 말씀을 드리겠습니다.
  칭의는 우리를 위한 그리스도 행위의 결과이며, 성화는 '우리 안에서' 역사하시는 성령님의 역사입니다. 그래서 칭의는 하나님과의 관계를 변화시키고 성화는 영적 조건을 바꿉니다. 거듭남은 거룩해지는 상태(성화 되는 상태)로 들어가는 첫 번째 관문을 의미합니다(도표 참조). 이 세 복락 칭의, 거듭남, 성화를 아는 지식은 성경 전체를 여는 열쇠입니다.

〈성령의 구원 과정〉

거듭남(회개)	성령님의 구원 견인	하나님의 심판
히 9:27		
성도의 믿음 시작	성도의 걸어가는 길(성화)	성도의 천국

악을 행하는 자마다 빛을 미워하여 빛으로 오지 아니하나니 이는 그 행위가 드러날까 함이요 진리를 따르는 자는 빛으로 오나니 이는 그 행위가 하나님 안에서 행한 것임을 나타내려 함이라 하느니라(요 3:20-21).

이 땅에서 가지는 삶의 행위에 따라 다음 세상에서의 삶이 결정됩니다.

2. 하나님이 참신이신 이유

너 아침의 아들 계명성이여 어찌 그리 하늘에서 떨어졌으며 너 열국을 엎은 자여 어찌 그리 땅에 찍혔는고 네가 네 마음에 이르기를 내가 하늘에 올라 하나님의 뭇별위에 내 자리를 높이리라 내가 북극 집회의 산 위에 앉으리라 가장 높은 구름에 올라가

지극히 높은 이와 같아지리라 하는도다(사 14:12-14).

이 말씀을 묵상하다 보면 왜 사탄은 일등만 인정해 주는 세상에서 자신이 하나님보다 더 높다고 우기지도 않고, 더 높아지려고 애쓰지도 않으며, 굳이 같아지려고만 하는지 강한 의문이 생깁니다. 사탄의 졸개인 이단들 가운데도 자기가 예수라고 주장하는 이단들은 많지만, 자기가 예수보다 우월하다고 주장하는 이단들은 찾아볼 수 없습니다.

한참을 거슬러 올라가, 에덴동산에서 뱀이 하와를 유혹할 때도 이렇게 유혹했습니다.

"하나님이 너희에게 먹지 말라고 한 선악과를 너희가 먹으며 죽는 것이 아니라, 오히려 눈이 밝아져 너희도 하나님 같이 된다."

너희가 그것을 먹는 날에는 너희 눈이 밝아져 하나님과 같이 되어 선악을 알 줄 하나님이 아심이라(창 3:5).

사탄의 전략은 예전이나, 지금이나 한결같습니다.

그러면 왜 사탄은 줄기차게 하나님과 같은 자리에 자신을 앉히려고 혈안이 되어 있을까요?

사탄(또는 이단)은 아담을 유혹할 때부터 지금까지 줄곧, 자신이 하나님보다 더 높은 위치에 있다고 주장하고 있습니다. 그러나 실상은 하나님의 능력에 편승해서 자신을 이 세상의 주인인 양 행세고자 하는 것입니다. 곧 자신을 과대 포장하여 우리를 속이려는 악한 계략을 꾸미는 것입니다. 이런 사탄의 교활한 행위는 마치 유명 상품을 흉내 낸 가짜 상품이 유명 상품 행세를 하려는 것과 다를 바가 없습니다.

다시 말해서, 유명 상품이 존재하므로 이를 흉내 낸 가짜가 존재하는 것이지 유명 상품이 없는 가짜는 상품 가치가 있을 수 없습니다. 이런 맥락에서 보면 참신이신 하나님이 존재하지 않는다면, 이를 흉내 낸 가짜 신은 존재의 의미가 없습니다. 그러므로 사탄은 가짜 상품과 같은 존재입니다. 다른 한편으로, 가짜가 있다는 것은 진짜가 있다는 증거이기도 합니다.

3. 예수님이 구세주이신 이유

하나님께서는 인간들의 타락상을 미리 아시고, 자기 아들을 통한 구원 계획을 창세 전에 이미 세우셨습니다.

> 내가 너로 여자와 원수가 되게 하고 네 후손도 여자의 후손과 원수가 되게 하리니 여자의 후손은 네 머리를 상하게 할 것이요 너는 그의 발꿈치를 상하게 할 것이니라 하시고(창 3:15).

이 구절에서 말씀하시는 여인의 후손은 훗날 인간을 구원하러 오실 예수 그리스도를 가리키며 그는 한동안 사탄으로부터 고난을 겪지만, 마지막에는 사탄을 물리치고 인간을 구원하실 것을 만천하에 공포하는 말씀입니다.
때가 차매 예수님께서 동정녀 마리아를 통하여 이 땅에 오셨습니다.

> 아들을 낳으리니 이름을 예수라 하라 이는 그가 자기 백성을 그들의 죄에서 구원할 자 이심이라 하니라(마 1:21).

예수님께서 공생애 기간을 통하여 많은 사람의 친구가 되어 주셨을 뿐만 아니라, 병 고침과 복음을 전해 주셨으며 또한 성령님을 보내주실 것을 약속하셨습니다.

그러나 내가 너희에게 실상을 말하노니 내가 떠나가는 것이 너희에게 유익이라 내가 떠나가지 아니하면 보혜사가 너희에게로 오시지 아니할 것이요 가면 내가 그를 너희에게로 보내리니(요 16:7).

그리고 마지막에는 십자가에서 피 흘려 죽으심으로, 단번에 우리들의 죄를 속량해 주셨습니다.

그는 저 대제사장들이 먼저 자기 죄를 위하여 다음에 백성의 죄를 위하여 날마다 제사 드리는 것과 같이 할 필요가 없으니 이는 그가 단번에 자기를 드려 이루셨음이라(히 7:27).

이것으로 끝이 나면 기독교는 반쪽짜리 종교에 불과합니다. 예수님께서 십자가를 지심으로, 우리들의 죄를 다 사하시고 돌아가신 지 사흘 만에 다시 살아나셨습니다. 영광스럽게 부활하신 것입니다. 이렇게 그리스도께서 죽은 자들의 첫 열매로 부활하심은 그리스도 안에서 죽은 모든 성도와 살아있는 우리에게도 부활을 약속하신 것입니다.

그러나 이제 그리스도께서 죽은 자 가운데서 다시 살아나사 잠자는 자들의 첫 열매가 되셨도다(고전 15:20).

하나님의 구원 계획을 아들이신 예수님께서 순종을 통하여 다 이루신 것입니다.

우리는 그리스도 안에서 그의 은혜의 풍성함을 따라 그의 피로 말미암아 속량 곧 죄 사함을 받았느니라(엡 1:7).

4. 지금은 성령 시대

이 말씀을 하시고 그들을 향하사 숨을 내쉬며 이르시되 성령을 받아라(요 20:22).

성령을 받아야 할 이유는 여러 가지가 있겠지만 가장 중요한 이유는 성령님과 동행(교제)하기 위함입니다. 성령님의 음성을 듣지 못하고, 내 생각 내 뜻대로 행동하는 것은 큰 실수를 범할 수 있기 때문입니다.

여호와의 말씀에 내 생각은 너희 생각과 다르며 내 길은 너희 길과 달라서 하늘이 땅보다 높음 같이 내 길은 너희의 길보다 높으며 내 생각은 너희의 생각보다 높음이니라 (사 55:8-9).

구약 시대에는 하나님께서 친히 자기 백성들에게 나타나셔서 해야 할 일들을 상세히 지시하시고 명령하셨습니다. 하지만, 대부분 지도자에 한하셨습니다(족장, 선지자, 왕, 제사장).

신약 시대에는 하나님의 아들이신 예수 그리스도께서 사람의 몸으로 친히 이 땅에 오셔서, 이스라엘의 지도자를 만난 것이 아니라, 이스라엘 모든 백성을 다 만나 주셨습니다. 그리고 자기 삶을 통하여 그리스도인이 걸어야 할 길을 친히 보여주셨습니다.

5. 예수님의 삶

예수님께서는 출생과 사역의 시작을 성령을 통하여 하셨습니다. 또한, 예수님께서 자기 삶을 제 뜻대로 사신 것이 아니라, 성령님을 통하여 하나님과 교제하시면서 하나님의 뜻에 따라 생활하시고 사역하셨습니다.

1) 성령으로 잉태

예수 그리스도의 나심은 이러하니라 그의 어머니 마리아가 요셉과 약혼하고 동거하기 전에 성령으로 잉태된 것이 나타났더니(마 1:18).

2) 성령 세례

백성이 다 세례를 받을새 예수도 세례를 받으시고 기도하실 때 하늘이 열리며 성령이 비둘기 같은 형체로 그의 위에 강림하시더니 하늘로부터 소리가 나기를 너는 내 사랑하는 아들이라 내가 너를 기뻐하노라 하시니라(눅 3:21-22).

3) 성령으로 시험

그때에 예수께서 성령에게 이끌리어 마귀에게 시험을 받으러 광야로 가사(마 4:1).

4) 성령의 능력으로 사역

예수께서 성령의 능력으로 갈릴리에 돌아가시니 그 소문이 사방에 퍼졌고 친히 그 여러 회당에서 가르치시매 뭇사람에게 칭송을 받으시더라(눅 4:14-15).

예수께서 자신의 사역을 마치시고 부활 승천하실 때 온통 나라 걱정뿐인 제자들과는 달리 이스라엘 민족뿐만 아니라, 세상 모든 민족에게 복음을 전할 권세와 능력을 주실 성령님을 소개해 주셨습니다.

오직 성령이 너희에게 임하시면 너희가 권능을 받고 예루살렘과 온 유대와 사마리아와 땅끝까지 이르러 내 증인이 되리라 하시니라(행 1:8).

5) 예수님의 활동 능력

연극무대 영화관은 연극이나 영화는 초청받은 사람이나 직접 보러 온 사람만이 관람할 수 있었습니다. 이처럼, 예수께서 공생애 동안 사역하신 공간은 갈릴리의 유대 땅이었으며, 이스라엘 민족을 대상으로만 사역하셨습니다.

6) 성령님의 활동 능력

오늘날 우리는 T.V 인터넷 중계를 통하여 전 세계가 동시에 소식을 듣고 볼 수 있습니다. 지구상에 모든 민족을 이어 주는 인터넷 연결망 때문입니다. 이처럼, 육신을 가지신 예수님은 한정된 숫자의 제자를 삼을 수밖에 없지만, 예수의 영이신 성령님을 모신 우리는 모든 민족을 제자로 삼을 수 있습니다.

> 내가 진실로 진실로 너희에게 이르노니 나를 믿는 자는 네가 하는 일을 그도 할 것이요 **또한** 그보다 큰일도 하리니 이는 내가 아버지께로 감이라(요 14:12).

이 구절 마지막 말씀에, 예수님께서 내가 아버지께로 간다는 말씀은 내가 아버지께로 가서 성령님을 너희에게 보내주어야, 너희가 능력을 받아서 이 일을 할 수 있다는 것입니다. 지금은 성령의 시대입니다. 하나님은 성령님을 통하여 우리들의 삶을 인도하시고 간섭하시며 말씀하십니다.

> 보혜사 곧 아버지께서 내 이름으로 보내실 성령 그가 너희에게 모든 것을 가르치고 내가 너희에게 말한 모든 것을 생각나게 하리라(요 14:26).

> 그러나 진리의 성령이 오시면 그가 너희를 모든 진리 가운데로 인도하시리니 그가 스스로 말하지 않고 오직 들은 것을 말하며 장래 일을 너희에게 알리시리라 (요 16:13).

> 이와 같이 성령도 우리의 연약함을 도우시나니 우리는 마땅히 기도할 바를 알지 못하나 오직 성령이 말할 수 없는 탄식으로 우리를 위하여 친히 간구하시느니라 마음을 살피시는 이가 성령의 생각을 아시나니 이는 성령이 하나님의 뜻대로 성도를 위하여 간구하심이니라 (롬 8:26-27).

이것이 우리가 성령을 받아야 할 이유입니다. 이런 삶을 거듭난 삶이라고 부릅니다. 이스라엘 민족이 출애굽 당시 홍해를 건너는 사건이 우리를 죄에서 해방해 주신 신약의 십자가 사건을 상징한다면 신약의 십자가 사건인 거듭남은 회개라는 강을 건너 완성된 것입니다.

> 예수께서 대답하여 이르시되 진실로 진실로 네게 이르노니 사람이 거듭나지 아니하면 하나님의 나라를 볼 수 없느니라 (요 3:3).

6. 거듭남의 방법

성경은 구약과 신약으로 나누어져 있으며, 구약 39권 신약 27권 총 66권으로 이루어져 있습니다. 읽는 사람에 따라 다소의 차이는 있겠지만, 매일 성경을 하루 15분씩 읽으면 1년이면 다 읽을 수 있으며, 성경 전권을 1년 내 필사하려면 하루 2-3시간의 노력이 필요합니다.

이렇게 방대한 성경 말씀을 줄이고 줄여서 한 단어로 요약한다면 '복음'이란 단어가 나옵니다. 복음이란 '반가운 소식'으로 특별히 예수 그리스도를 통한 구원의 '기쁜 소식'을 말합니다. 이 '반가운 소식', '기쁜 소식'을 가장 잘 표현한 성경 구절이 요한복음 3장 16절 말씀입니다. 루터는 이 구절을 "복음서 속에 있는 복음"이라고 했으며, 반지의 보석 부분에 해당한다고도 했습니다.

> 하나님이 세상을 이처럼 사랑하사 독생자를 주셨으니 이는 그를 믿는 자마다 멸망하지 않고 영생을 얻게 하려 하심이라(요 3:16).

이 말씀에서 "이처럼"이란, 하나님이 우리를 얼마나 사랑하시는지 우리 죄를 대신하여 자기의 하나밖에 없는 아들을 십자가에 희생 제물로 죽게 할 만큼 우리를 사랑하신다는 말씀입니다.

> 우리가 아직 죄인 되었을 때에 그리스도께서 우리를 위하여 죽으심으로 하나님께서 우리에 대한 자기의 사랑을 확증하셨느니라(롬 5:8).

그리고 십자가에서 돌아가신 하나님의 아들 예수님이 바로 내 죄를 대신하여 돌아가시고, 이로 말미암아 내 죗값을 갚으시고 사흘 만에 다시 살아나심을 전심으로 믿으면, 나의 어떤 죄도 다 용서하시고, 천국 백성이 되게 해 주시겠다는 약속의 말씀입니다.

이 말씀에서 믿는다는 의미는 단순히 입으로만 믿는다고 말하는 것이 아니라, 마음과 뜻을 다하여 전인격적으로 하나님을 믿는 믿음을 말합니다. 다시 말하면, 요한복음 3장 16절 말씀이 온전히 내 마음에 믿어져야 합니다. 그런데 안타깝게도 아무리 믿으려고 노력해도 도무지 믿겨지지 않는 분들이 계십니다.

이럴 때 어떻게 하면 온전한 믿음을 소유할 수 있을까요?

방법은 오직 성령 충만함을 받아서 성령의 능력으로 거듭나는 것입니다.

기독교의 비밀은 거듭남에 있습니다. 이 비밀을 알지 못하면 평생 교회를 다녀도 아무런 소용이 없습니다. 아까운 시간만 낭비할 뿐입니다.

이전에 내가 아닌, 영적으로 완전히 새롭게 태어나는 것입니다. 그리스도를 내 마음의 주인으로 모셔 드려서 내 마음의 운전대를 그분께 맡기는 것입니다. 그리하면 나의 삶을 그분이 이끌어 가십니다. 그럴 때 내 힘이 아닌, 그분의 힘으로 세상의 유혹을 물리치는 것입니다.

"가장 완벽한 항복이 가장 위대한 사람을 만든다."는 격언이 있지 않습니까?

저의 자작시를 한편 소개하겠습니다.

성령님의 자가용이 되고 싶습니다

나는 성령님의 자가용이 되고 싶습니다.
은혜의 휘발유를 영과 육에 가득 주입하고
성령님이 운전하시는 대로 굴러가는
성령님의 자가용이 되고 싶습니다.
나도 자가용이 있습니다.
내 자가용은 단 한 번도 내가 운전하는 데
못 가겠다고 거절한 적이 없습니다.
내가 물과 불에라도 뛰어들어 가면
그대로 따를 것입니다.
나도 그렇게 순종하는 성령님의 자가용이
되고 싶습니다.

거듭남은 하나님께서 우리에게 주시는 선물입니다. 거듭남의 선물은 내가 받고 싶다고 받는 것은 아닙니다. 하나님의 때에 하나님의 방법으로 주십니다. 지금 당장 선물을 받지 못했다고 낙심할 필요는 전혀 없습니다. 하나님께서 2,800여 년 전에 선지자 요엘을 통하여, 우리 모두에게 성령을 선물로 주시겠다고 약속하셨습니다.

> 그 후에 내가 내 영을 만민에게 부어 주리니 너희 자녀들이 장래 일을 말할 것이며 너희 늙은이는 꿈을 꾸며 너희 젊은이는 이상을 볼 것이며 그때에 내가 또 내 영을 남종과 여종에게 부어 줄 것이며(욜 2:28-29).

그러면 어떤 사람이 하나님으로부터 성령을 선물로 받을 수 있을까요? 성경 말씀을 통하여 살펴보겠습니다.

1) 기도하는 사람(간구의 사람)

> 너희가 악할지라도 좋은 것을 자식에게 줄 줄 알거든 하물며 너희 하늘 아버지께서 구하는 자에게 성령을 주시지 않겠느냐 하시니라(눅 11:13).

2) 회개하는 사람(심령이 가난한 사람)

> 베드로가 이르되 너희가 회개하여 각각 예수 그리스도의 이름으로 세례를 받고 죄 사함을 받으라 그리하면 성령의 선물을 받으리니(행 2:38).

3) 말씀 듣는 사람(믿음의 사람)

> 베드로가 이 말을 할 때에 성령이 말씀 듣는 모든 사람에게 내려오시니(행 10:44).

4) 안수받은 사람(갈급한 사람)

바울이 그들에게 안수하매 성령이 그들에게 임하시므로 방언도 하고 예언도 하니 (행 19:6).

7. 거듭남의 신비

† 질문 1 기독교의 최고 이단은 무엇일까요?
† 답 기독교의 최고 이단은 우상숭배나 잘못된 행동이 아니라, 사랑하지 않는 것입니다.

- 슈바이처

† 질문 2 우리가 가장 사랑해야 할 대상은 누구입니까?
† 답 예수께서 이르시되 네 마음을 다하고 목숨을 다하고 뜻을 다하여 주 너의 하나님을 사랑하라 하셨으니 이것이 크고 첫째 되는 계명이요, 둘째도 그와 같으니 네 이웃을 네 자신같이 사랑하라 하셨으니 이 두 계명이 온 율법과 선지자의 강령이니라(마 22:37-40).

이후 예수님께서 우리에게 새 계명을 주셨습니다.

새 계명을 너희에게 주노니 서로 사랑하라 내가 너희를 사랑한 것 같이 너희도 서로 사랑하라 너희가 서로 사랑하면 이로써, 모든 사람이 너희가 내 제자인 줄 알리라(요 13:34-35).

그런데 새 계명을 살펴보면 하나님에 관하여는 일체의 언급이 없음을 알 수 있습니다. 예수님의 제자인 바울과 야고보도 예수님과 같은 맥락을 취하고 있습니다.

> 피차 사랑의 빚 외에는 아무에게든지 아무 빚도 지지 말라 남을 사랑하는 자는 율법을 다 이루었느니라(롬 13:8).

> 너희가 만일 성경에 기록된 대로 네 이웃 사랑하기를 네 몸과 같이 하라 하신 최고의 법을 지키면 잘하는 것이거니와(약 2:8).

✝ 질문 3 왜 새 계명에는 하나님에 대한 사랑은 언급하지 않았을까요?
✝ 답   이유는 마지막에 설명하겠습니다.

1) 형제를 마음으로 사랑하는 방법

> 또 네 이웃을 사랑하고 네 원수를 미워하라 하였다는 것을 너희가 들었으나 나는 너희에게 이르노니 너희 원수를 사랑하며 너희를 박해하는 자를 위하여 기도하라 이같이 한즉 하늘에 계신 너희 아버지의 아들이 되리니 이는 하나님이 그 해를 악인과 선인에게 비추시며 비를 의로운 자와 불의한 자에게 내려주심이라 너희가 너희를 사랑하는 자를 사랑하면 무슨 상이 있으리요 세리도 이같이 아니하느냐 또 너희가 너희 형제에게만 문안하면 남보다 더하는 것이 무엇이냐 이방인들도 이같이 아니하느냐? 그러므로 하늘에 계신 너희 아버지의 온전하심과 같이 너희도 온전하라 (마 5:43-48) (참고, 롬 12 : 14-21)

2) 형제를 행함으로 사랑하는 방법

> 형제들아, 세상이 너희를 미워하여도 이상히 여기지 말라 우리는 형제를 사랑함으로 사망에서 옮겨 생명으로 들어간 줄을 알거니와 사랑하지 아니하는 자는 사망에 머물러 있느니라 그 형제를 미워하는 자마다 살인하는 자니 살인하는 자마다 영생이 그 속에 거하지 아니하는 것을 너희가 아는 바라 그가 우리를 위하여 목숨을 버리셨으니 우리가 이로써, 사랑을 알고 우리도 형제들을 위하여 목숨을 버리는 것이 마땅하니라 누가 이 세상의 재물을 가지고 형제의 궁핍함을 보고도 도와 줄 마음을 닫으면 하나님의 사랑이 어찌 그 속에 거하겠느냐 자녀들아, 우리가 말과 혀로만 사랑하지 말고 행함과 진실함으로 하자(요일 3 : 13-18, 참고, 약 2:14-26)

이제 마지막 질문인 왜 하나님을 사랑하라는 계명은 빠지고, 이웃사랑이 최고의 계명이라고 역설했는지에 대해서 알아보겠습니다. 신약 시대 활동하시는 분은 성령 하나님으로서, 친히 이 땅에 오셔서 우리들의 마음 속에 거주하고 계십니다.

> 그는 진리의 영이라 세상이 능히 그를 받지 못하나니 이는 그를 보지고 알지도 못함이라 그러나 너희는 그를 아나니 그는 너희와 함께 거하심이요 또 너희 속에 계시겠음이라(요 14:7).

하나님의 얼굴을 보고 싶으면 다른 사람을 용서하는 사람의 얼굴을 보라는 이스라엘의 격언이 있습니다.

> 그 때에 베드로가 나아와 이르되 주여, 형제가 내게 죄를 범하면 몇 번이나 용서하여 주리이까 일곱 번까지 하오리이까 예수께서 이르시되 네게 이르노니 일곱 번뿐 아니라 일곱 번을 일흔 번까지라도 할지니라(마 18 : 21-22).

하나님이 함께하시지 않고 인간의 힘으로는 이런 류의 사랑을 할 수 없습니다. 하나님이 나와 한 몸이 되어야 가능한 일입니다. 이와 같이 이웃을 사랑하는 나의 행위를 통하여, 이미 하나님께 최고의 계명인 사랑을 올려 드린 것입니다(참고, 눅 10:25-37).

하나님을 향한 최고의 사랑은 이웃사랑으로 완성된 것입니다.

> 누구든지 하나님을 사랑하노라 하고 그 형제를 미워하면 이는 거짓말하는 자니 보는 바 그 형제를 사랑하지 아니하는 자는 보지 못하는 바 하나님을 사랑할 수 없느니라 우리가 이 계명을 주께 받았나니 하나님을 사랑하는 자는 또한 그 형제를 사랑할지니라(요일4:20-21).

그러므로 하나님을 사랑하는 것이 최고의 계명이라고 굳이 강조할 필요가 없어진 것입니다. 이것이 신약 시대의 거듭남의 신비입니다.

"전도 없는 예배보다 차라리 예배 없는 전도를 택하겠다."

존 스토트 목사님은 이렇게 말했습니다. 이와 마찬가지로 하나님께 드리는 예배보다 이웃사랑이 먼저 되어야 합니다. 왜냐하면 이웃사랑 없는 예배는 위선이기 때문입니다.

> 그러므로 예물을 제단에 드리려다가 거기서 네 형제에게 원망들을 만한 일이 있는 그것이 생각나거든 예물을 제단 앞에 두고 먼저 가서 형제와 화목하고 그 후에 와서 예물을 드리라(마 5:22-23).

예수님께서는 하나님께 예배드릴 때가 아니라, 자신이 인류(이웃)를 위해 목숨을 버릴 때 다 이루었다고 말씀하셨습니다.

> 예수께서 신 포도주를 받으신 후에 이르시되 다 이루었다 하시고 머리를 숙이니 영혼이 떠나가시니라(요 19:30).

8. 거듭남의 확인

성경 어느 곳을 살펴보아도, 값없이 주는 믿음을 강조했지 값싼 믿음을 강조하지 않았습니다.

믿음을 지키며 산다는 것은 절대 쉬운 일이 아닙니다. 때로는 매우 어렵고 힘들 때도 있습니다.

> 좁은 문으로 들어가라 멸망으로 인도하는 문은 크고 그 길이 넓어 그리로 들어가는 자가 많고 생명으로 인도하는 문은 좁고 길이 협착하여 찾는 자가 적음이라(마 7:13-14).

> 제자들의 마음을 굳게 하여 이 믿음에 머물러 있으라 권하고 또 우리가 하나님의 나라에 들어가려면 많은 환난을 겪어야 할 것이라 하고(행 14:22).

결코 쉬운 일이 아니기에, 예수님께서 친히 이 땅에 오셔서 자기 삶을 통하여 우리에게 직접 본을 보여주셨습니다.

> 이를 위하여 너희가 부르심을 받았으니 그리스도도 너희를 위하여 고난을 받으사 너희에게 본을 끼쳐 그 자취를 따라오게 하려 하셨느니라(벧전 2:21).

그렇다고 해서, 우리들의 힘이나 능력만으로 예수님의 삶을 따라 살려고 한다면 어림도 없는 일입니다. 우리는 우리의 삶을 예수님이 영인, 성령님께 완전히 맡겨야 합니다. 그런데 그리스도인들 가운데 믿음에 관하여 자기의 의를 앞세우거나, 복 받는 비결 정도로 가볍게 인식하는 경우를 많이 보게 됩니다. 지도자들의 가르침에도 좁은 길, 십자가의 길은 대부분 생략해 버리고 오색 찬란한 목적지만 크게 부각하는 경향이 있습니다.

이러다 보니, 작은 고난이 찾아와도 쉽게 낙심하거나 좌절해 버릴 수밖에 없습니다. 하나님께서 믿음의 자녀들에게 전혀 어려움이 없는 삶을 살아가게 해 주겠다고 약속하신 적이 없습니다. 다만 어려움을 극복할 힘을 주시겠다고 약속하셨습니다.

> 이것을 너희에게 이르는 것은 너희로 내 안에서 평안을 누리게 하려 함이라 세상에서는 너희가 환난을 당하나 담대하라 내가 세상을 이기었노라(요 16:33).

여기서 한 예를 들어 보겠습니다. 예전부터 구전으로 전해 내려오는 바보 온달과 평강공주 이야기에서 평강공주가 바보 온달과 혼인한 이유는 단순히 아들딸 낳고 오순도순 행복하게 살려는 것이 최종목적이 아니라, 남편인 바보 온달을 훌륭한 장군으로 만들려는 원대한 꿈이 있었습니다.
(예: 헬렌 켈러와 설리번 선생님과 만남 그리스도인과 비그리스도인과 만남)

예수님이 이 땅에 오신 이유도 우리와 함께 먹고 마시고 뛰어놀려고 오신 것이 아니라, 우리를 죄에서 구원하기 위하여 오신 것입니다. 바보 온달이 바보로 살아가는 것은 지극히 당연한 일이겠지만, 바보가 장군이 되려고 한다면 거기에 따른 엄청난 노력의 대가를 치러야 할 것입니다.

바보가 스스로 글을 깨우치거나 무예를 터득한다는 것은 도무지 불가능한 일입니다. 헌신적인 조력자가 절대적으로 필요합니다. 이와 같이 하나님께서도 절대적인 조력자이신 성령님을 통하여 우리를 구원의 길로 인도하십니다.

하지만, 그 길은 좁고 험하며 생소한 길입니다. 우리의 생각이나 습관들을 바꿔야만 갈 수 있는 길입니다. 그러하기에 이 길은 절대로 쉽지 않은입니다. 이 길은 하나님의 마음을 이해하는 자, 예수님과 동행하는 자, 즉 성령의 능력으로 거듭난 자만이 걸어갈 수 있는 길입니다.

거듭남이란?

성령님을 내 마음속에 모셔 드리는 것입니다.

영적 체험이나 영적 감동을 경험했다고 다 거듭난 사람이라고 볼 수 없습니다. 일반 공연장에서 감동으로 실신하기도 하며, 타 종교에서도 볼 수 있는 현상입니다. 진정한 거듭남이란, 자신의 죄악 된 생활과 습관에서 완전히 돌아서는 것을 말합니다.

다시는 예전으로 돌아가지 않는 것입니다. 그런데도 죄악 된 옛 습관으로 인하여 넘어졌다 해도 절대로 실망하거나 낙심하지 마십시오. 잘못을 깊이 회개하고 오직 믿음으로 하나님께 매어 달리십시오. 그리하면 다시 일어설 힘을 하나님께서 성령님을 통하여 공급해 주십니다.

> 대저 의인은 일곱 번 넘어질지라도 다시 일어서려니와 악인은 재앙으로 말미암아 엎드러지느니라(잠 24:16).

그리고 거듭난 그리스도인에게는 반드시 내·외적인 예수님의 성품이 나타납니다. 마치 감기 환자가 열이 나고, 콧물이 흐르고, 기침이 나듯 말입니다. 먼저 소개할 성령의 내적인 열매는 갈라디아서 5장 22-23절 말씀에 잘 나타나 있습니다.

> 오직 성령의 열매는 사랑과 희락과 화평과 오래 참음과 자비와 양선과 충성과 온유와 절제니 이 같은 것을 금지할 법이 없느니라(갈 5:22-23).

사실, 이 모든 말씀은 사랑 안에 다 포함된 것입니다.

> 사랑은 이웃에게 악을 행하지 아니하나니 그러므로 사랑은 율법의 완성이니라
> (롬 13:10, 참고, 고전 13장).

다음은 거듭난 사람에게 나타나는 외적인 특징을 크게 세 종류로 분류해서 살펴보겠습니다.

첫째, 거듭난 사람은 기도하는 사람입니다.
하지만, 기도한다고 다 거듭난 사람은 아닙니다. 개인의 영달이나 다른 사람에게 보이려고 얼마든지 기도할 수 있습니다.

> 또 너희는 기도할 때에 외식하는 자와 같이하지 말라 그들은 사람에게 보이려고 회당과 큰 거리 어귀에 서서 기도하기를 좋아하느니라 내가 진실로 너희에게 이르노니 그들은 자기 상을 이미 받았느니라(마 6:5).

교인들 가운데 직분자의 체면 때문이거나 직분을 받기 위해 얼마든지 가식으로 기도할 수 있습니다. 그러나 정한 시간에 아무도 보지 않는 골방에서의 중보 기도는 거듭난 사람만이 할 수 있습니다.

> 너는 기도할 때에 네 골방에 들어가 문을 닫고 은밀한 중에 계신 네 아버지께 기도하라 은밀한 중에 보시는 네 아버지께서 갚으시리라(마 6:6).

둘째, 거듭난 사람은 말씀 읽는 사람입니다.
하지만, 말씀을 읽는다고 다 거듭난 사람은 아닙니다. 말씀을 개인의 호기심 충족이나 자기만족을 위해서 얼마든지 읽을 수 있습니다. 그러나 거듭난 사람은 말씀을 보는 것으로 만족하는 것이 아니라, 말씀대로 살려고 애쓰고 힘쓰는 사람입니다.

> 하나님 앞에서는 율법을 듣는 자가 의인이 아니요 오직 율법을 행하는 자라야 의롭다 하심을 얻으리니(롬 2:13).

셋째, 거듭난 사람은 전도하는 사람입니다.

마찬가지로 전도한다고 다 거듭난 사람은 아닙니다. 전도 또한 얼마든지 자기 과시나 다른 사람과의 경쟁심으로 할 수 있으며 교회 지도자로부터 인정받기 위해 할 수 있습니다. 그런데 이런 사람들의 특징은 자기의 기분에 따라 모든 것을 결정하므로 전도를 지속하지 못하는 결점이 있습니다. 예수의 영인 성령님은 복음을 전파하는 영이십니다.

> 오직 성령이 너희에게 임하시면 너희가 권능을 받고 예루살렘과 온 유대와 사마리아와 땅끝까지 이르러 내 증인이 되리라 하시니라(행 1:8).

예수님도 이 땅에 전도하러 오셨다고 말씀하셨습니다.

> 예수께서 이르시되 내가 다른 동네들에서도 하나님의 나라 복음을 전하여야 하리니 나는 이 일을 위해 보내심을 받았노라 하시고 갈릴리 여러 회당에서 전도하시더라 (눅 4:43-44).

그리고 부활 승천하실 때도 제자들에게 복음을 전하라고 거듭거듭 부탁하셨습니다.

> 또 이르시되 너희는 온 천하에 다니며 만민에게 복음을 전파하라(눅 16:15).

성경 말씀 가운데 거듭남의 순간을 가장 극적으로 잘 표현한 말씀이 사마리아 여인이 등장하는 요한복음 4장 말씀일 것입니다. 화려한 남성 편력으로 인한 수치심으로 다른 사람을 만나는 것을 극도로 꺼렸던 그녀가 야곱의 우물가에서 예수님과의 만남을 통하여 거듭남을 경험하게 됩니다. 그 순간 그녀는 사막 지역에서 자신의 목숨만큼이나 소중한 물동이를 미련 없이 버려둔 채, 동네로 뛰어 들어가 자신의 부끄러운 과거를 조금도 개의치 않고 만나는 사람마다 붙들고 이렇게 소리쳤습니다.

"내가 행한 나쁜 행실을 그분이 다 아신다.

와서 그분을 만나보라!

그리스도가 여기 계신다.

이분이 그리스도다!"

이것은 거듭난 사람에게서만 볼 수 있는 용기 있는 간증이요, 거룩한 복음 전파입니다.

제4장

거듭남과 전도

1. 사도 바울에게 배우는 두 가지 전도 방법

1) 비그리스도인 전도법(복음 전도 - 고전 2:1-5)

예수님이 등장하시는 복음서와 바울이 등장하는 바울서신서를 묵상하다 보면 예수님과 바울의 복음 전하는 방법이 많이 다른 듯한 느낌이 들 때가 있습니다. 예수님께서는 공생애 시작부터 자기 민족에게 강력한 회개를 촉구하셨으며 종교 지도자들과 기득권 세력들에겐 심한 욕설도 서슴치 않으셨습니다.

> 뱀들아 독사의 새끼들아! 너희가 어떻게 지옥의 판결을 피하겠느냐(마 23:33).

하지만, 바울의 전도 방법은 전혀 달랐습니다. 오직 성령의 능력으로 예수 그리스도의 십자가 복음만을 전했으며, 만나는 사람마다 마치 금방 낳은 갓난아기 양육하듯 살뜰하게 이들을 보살폈습니다.

> 내가 너희로 젖으로 먹이고 밥으로 아니 하였노니 이는 너희가 감당하지 못하였음이거니와 지금도 못하리라(고전 3:2).

그러면 예수님과 바울의 전도 방법이 서로 많이 다른 듯한 이유는 무엇 때문일까요?

예수님이 전도하셨던 이스라엘 민족은 하나님을 알지 못하는 이방 민족이 아니었습니다. 오히려 그들은 하나님이 택하신 하나님의 백성이었습니다. 하지만, 이들은 하나님이 주신 율법을 자신들의 입맛에 맞추어 행함으로 하나님의 뜻과는 전혀 다른 길로 가고 있었습니다. 이런 이들에게는 예수님의 강력한 책망이 무엇보다 필요했던 것입니다.

하지만, 바울은 상황이 달랐습니다. 하나님도, 메시아도 전혀 모르는 이방인들을 대상으로 복음을 전했기에 예수님과는 복음 전하는 방법이 다를 수밖에 없었습니다. 예수님의 복음 선포는 알면서 잘못된 길로 가고 있는 어른들을 깨우쳐 주는 것이라면, 바울의 복음 증거는 전혀 알지 못하는 어린아이를 양육하는 것과 같다고 할 수 있습니다.

목적은 같지만, 방법이 다른 것입니다.

이제 이를 응용한 현실에서의 전도 방법을 알아보겠습니다.

모든 부모님은 자기의 자녀가 훌륭한 인물로 성장하기를 원하십니다. 그러기 위해서는 많은 것을 배워야 한다는 사실도 잘 알고 있습니다. 하지만, 대부분의 부모님은 자녀에게 배움의 동기는 부여할 수 있을지 모르지만 직접 가르칠 능력을 갖춘 부모님은 흔치 않습니다.

그러기에 배울 수 있는 조건을 잘 갖춘 학교나 학원으로 자녀를 보내는 것입니다. 교회 출석도 마찬가지입니다. 믿음은 영적인 문제이므로, 나이와는 별개의 문제입니다. 먼저 믿은 사람이 새신자의 영적 보호자 역할을 해야 합니다.

그렇지만, 대부분 자신이 가진 영적 수준의 한계가 있으므로, 육신의 부모처럼 믿음의 동기 부여는 할 수 있을지 모르지만, 가르칠 능력이 부족할 수 있습니다. 그렇기에, 영적 교사가 준비된 교회로 전도해서 데려오는 것입니다.

그러면 사도 바울에게 배운 비그리스도인 전도법을 두 가지로 정리해 보겠습니다.

첫째, 올바른 전도 방법입니다.
부정부패를 척결하지 않고는 나라를 바로 세울 수 없듯이, 하박국 3장 17-18절이 기초가 되지 않은 신앙은 승리할 수 없습니다.

> 비록 무화과나무가 무성하지 못하며 포도나무에 열매가 없으며 감람나무에 소출이 없으며 밭에 먹을 것이 없으며 우리에 양이 없으며 외양간에 소가 없을지라도 나는 여호와로 말미암아 즐거워하며 나의 구원의 하나님으로 말미암아 기뻐하리로다 (합 3:17-18).

신앙생활을 하다가 낙심한 사람은 대부분이 자신이 바라던 일들이 이루어지지 않았다는 이유로, 미련 없이 교회를 떠나고 맙니다. 그 이유의 많은 부분이 사업 실패, 자녀 문제, 건강 문제와 같은 지극히 현실적이고 개인적인 일들입니다. 그나마 그들이 그냥 떠나기만 하면 다행이지만, 많은 이들이 노골적으로 교회를 비난하고 비방하는 반대 세력이 됩니다.

너무나 가슴 아픈 일입니다. 이런 참담한 결과에는 기존 그리스도인들의 잘못된 전도가 크게 한몫하고 있습니다. 복음의 본질은 영혼 구원에 있습니다. 그럼에도, 많은 그리스도인이 먹고 마시는 현실에 복음의 초점을 맞추다 보니 이런 돌이킬 수 없는 부작용을 초래한 것입니다.

복음은 인간이 값을 지불하고는 절대로 살 수 없기에, 하나님께서 값없이 그저 주신 것입니다(예, 공기, 햇빛, 비 등). 그런데 우리 그리스도인들은 이 소중한 복음을 결코 값싼 싸구려로 만들어선 안 됩니다.

둘째, 올바른 양육입니다.

전도자는 새신자를 교회 데려온 것으로 만족하지 말고, 새신자가 교회 뿌리내리고 정착할 때까지 잘 돌봐주어야 합니다. 새신자는 영적으로 갓난아기와 같은 존재이므로 전도자의 보살핌이 절대적으로 필요합니다. 늘 관심을 가지고, 지켜보며 필요한 것을 가르치고 채워주어야 합니다(예: 신앙상담, 예배 방법, 성도와의 교제, 헌금 방법 등). 만약 새신자를 **돌보지 않고 혼자 버려두면** 다른 교인들에게 상처받거나 소외감으로 영원히 교회를 등지는 큰 원인이 됩니다.

아기를 키울 계획 없이 어떻게 아기를 낳을 수 있겠습니까?

전도도 중요하지만, 전도 이상으로 중요한 것이 양육입니다. 그리고 전도자는 자기 삶을 통하여 새신자에게 본이 되어야 합니다. 말 따로 행동 따로가 아닌, 언행일치가 무엇보다 중요합니다.

> 그리스도 안에서 일만 스승이 있으되 아버지는 많지 아니하니 그리스도 예수 안에서 내가 복음으로써 너희를 낳았음이라(고전 4:15).

2) 그리스도인 전도법 (성령 전도 - 고전 2:6-16)

사도 바울은 예수님의 제자였지만, 다른 제자들과는 달리 독특한 방법으로 예수님을 만났습니다. 그는 젊은 시절, 엄격한 율법주의자로서 그리스도인들을 이단으로 규정하여 교회를 완전히 제거할 목적으로 살인도 서슴치 않았던 유대교의 열혈 당원이었습니다.

> 그들이 돌로 스데반을 치니 스데반이 부르짖어 이르되 주 예수여 내 영혼을 받으시옵소서 하고 무릎을 꿇고 크게 불러 이르되 주여, 이 죄를 그들에게 돌리지 마옵소서 이 말을 하고 자니라(행 7:59-60).

이때 그리스도인들은 같은 동족인 유대교의 핍박으로 유대와 사마리아 모든 지역으로 흩어져 가는 곳마다 복음을 전하기 시작했습니다. 이를 심각하게 받아들인 바울(사울)은 대제사장에게 체포 공문을 받아서, 일행과 함께 이들을 잡아서 끌고 오려고 다메섹으로 향했습니다.

사울 일행이 다메섹 가까이 이르렀을 때 갑자기 하늘로부터 강한 빛이 사울에게 비쳤습니다. 너무나 강력한 빛에 몸을 가누지 못한 사울이 땅에 엎드러져 어찔 줄 몰라 하고 있을 때 하늘로부터 주님의 음성이 들려왔습니다.

"사울아, 사울아 네가 어찌하여 나를 박해하느냐?"

사울이 깜짝 놀라 누구시냐고 여쭈어 보니, 다시 그 음성으로 대답하셨습니다.

"나는 네가 박해하는 예수라."

그리고 사울에게 말씀하셨습니다.

"일어나 다메섹으로 들어가 작가가 하는 거리에 있는 유다의 집에서 나의 뜻을 전할 자가 찾아갈 때까지 그곳에서 머물라."

강력한 빛에 눈이 보이지 않게 된 사울은 다른 사람의 손에 이끌려, 다메섹 유다의 집에서 사흘 동안 보지도 먹지도 못하고 주님이 보낼 사람을 애타게 기다리고 있었습니다.

다메섹에 아나니아라는 주님의 제자가 살고 있었습니다.

주님께서 환상 중에 아나니아에게 나타나셔서 말씀하셨습니다.

"직가라 하는 거리에 있는 유다의 집에 가서 다소 사람 사울을 만나라."

"그는 네가 와서 자기에게 안수하여 눈을 뜨게 해 줄 것을 기도 중에 환상을 보고 알고 있다."

주님으로부터 사울이란 이름을 듣고, 깜짝 놀란 아나니아는 그동안 사울이 그리스도인들에게 저지른 악행들을 조목조목 주님께 일러바치며, 사울을 만나는 것을 완곡하게 거절했습니다. 그러자 주님께서 아나니아에게 나의 뜻을 따르라며 엄하게 명령하셨습니다.

> 주께서 이르시되 가라 이 사람은 내 이름을 이방인과 임금들과 이스라엘 자손들에게 전하기 위하여 택한 나의 그릇이라(행 9:15).

주님의 추상같은 명령에 순종한 아나니아는 급히 일어나 유다의 집에 머무는 바울을 찾아가 그에게 안수하며 말하였습니다.
"형제 사울아, 네가 다메섹으로 오는 길에 만났던 예수께서 나를 네게 보내어 너를 다시 보게 하시고 성령으로 충만하게 하신다!"
즉시 사울의 눈에서 비늘 같은 것이 벗겨져, 다시 보게 되었으며 일어나 세례를 받은 후 음식을 먹고 강건해졌습니다.
그때서야 비로서 바울은 구원은 오직 하나님의 은혜와 믿음으로 이루어진다는 것을 성령의 깨우침으로 알게 되었습니다. 이후 얼마간의 휴식을 취한 바울은 다메섹 회당을 다니면서 예수가 하나님의 아들이심을 전파하기 시작했습니다.
이를 목격한 유대인들이 바울의 갑작스러운 변심에 매우 놀라지 않을 수 없었습니다. 그들은 처음엔 바울이 한동안 저러다 말겠거니 하며 지켜봤지만, 날이 갈수록 더욱 힘차게 증거하는 바울의 복음 선포에 당혹감을 느낀 유대인들이 바울을 죽이기로 뜻을 모았습니다. 그리고 그가 도망하지 못하도록 성문까지 지켜 가며, 호시탐탐 바울을 죽일 기회를 노리고 있었습니다.
우연한 기회에 이들의 음모를 알게 된 바울의 제자들이 위급한 상황임을 인식하고 밤에 바울을 광주리에 담아 성벽 밑으로 달아내려, 예수님의 제자들이 있는 예루살렘으로 도피시켰습니다. 수일이 걸려서 예루살렘에 도착한 바울이 예수님의 제자들을 만나 그들과 교제하기를 원했지만, 바울의 회심을 의심한 제자들이 두려워서 바울을 피했습니다.

이를 목격한 바나바가 바울을 데리고 사도들을 찾아가, 바울이 그리스도인들을 체포하러 다메섹으로 가는 길에서 예수님을 만나게 된 사건과 바울이 다메섹에서 담대하게 복음을 전하다가 유대인들로부터 생명의 위협을 받고, 이곳으로 피신하게 된 자초지종을 상세히 설명해 주었습니다. 바나바의 설득력 있는 설명으로 바울의 회심을 믿게 된 제자들은 그를 믿음의 형제로 받아 주었습니다.

이때부터 바울은 예루살렘에서 누구보다 앞장서서 복음을 전했으며, 헬라파 유대인들과도 변론을 서슴치 않았습니다. 이런 바울의 행동을 심히 못마땅하게 생각한 헬라파 유대인들이 바울을 죽이려고 모의하는 것을 형제들이 알고, 그를 고향인 다소로 피신시켰습니다. 그때에 스데반의 일로 흩어져 안디옥에 이른 그리스도인들이 헬라인에게 복음을 전하기 시작했는데 그곳에서 엄청난 부흥이 일어났습니다.

이 소문을 접한 예루살렘 교회가 바나바를 안디옥으로 보내, 그곳을 돌보게 했습니다. 바나바의 정성 어린 사역으로 더 많은 사람이 교회로 몰려오자 이들을 가르칠 유능한 교사가 필요했습니다. 이에 바나바가 다소로 가서 바울을 안디옥교회로 데려와, 1년을 함께 많은 사람을 가르쳤습니다. 안디옥 교회는 최초의 이방인교회였으며 이곳에서 처음으로 주님의 제자들이 그리스도인이라 불리기도 했습니다.

바울은 안디옥 교회의 섬김을 계기로 그의 기나긴 전도 여행의 막이 올랐습니다. 바울은 이후 여러 선교지를 거쳐서 고린도에 오게 되었으며 이곳에서 천막제조업자인 아굴라와 브리스길라 부부를 만나 함께 사역하게 됩니다.

성경에는 소개되어 있지 않지만, 아굴라와 브리스길라 부부는 평소에 바울이 그리스도인들에게 성령 전도하는 광경을 많이 보고 배웠을 것으로 보이며, 그들 또한 바울로부터 성령 전도를 받았을 것으로 추정됩니다. 바울이 그리스도인들에게 성령 전도하는 광경을 사도행전 19장 1-7절 말씀에서 잘 보여 주고 있습니다.

> 아볼로가 고린도에 있을 때에 바울이 윗지방으로 다녀 에베소에 와서 어떤 제자들을 만나 이르되 너희가 믿을 때에 성령을 받았느냐 이르되 아니라 우리는 성령이 계심도 듣지 못하였노라 바울이 이르되 그러면 너희가 무슨 세례를 받았느냐 대답하되 요한의 세례니라 바울이 이르되 요한이 회개의 세례를 베풀며 백성에게 말하되 내 뒤에 오시는 이를 믿으라 하였으니 이는 곧 예수라 하거늘 그들이 듣고 주 예수의 이름으로 세례를 받으니 바울이 그들에게 안수하매 성령이 그들에게 임하시므로 방언도 하고 예언도 하니 모두 열두 사람쯤 되니라(행 19:1-7).

　바울이 제2차 전도 여행을 거의 마치고, 에베소를 떠난 직후에 아볼로가 에베소에 와서 유대인의 회당에서 그의 사역을 시작했습니다. 이때 아볼로의 회당 설교를 들어 본 아굴라와 브리스길라 부부는 아볼로가 아직 성령 체험을 하지 못한 것을 감지하고, 아볼로를 자신들의 집으로 초대해서 바울로부터 보고 배운 예수 그리스도의 성령 복음을 그에게 전했습니다.

> 알렉산드리아에서 난 아볼로라 하는 유대인이 에베소에 이르니 이 사람은 언변이 좋고 성경에 능통한 자라 그가 일찍이 주의 도를 배워 열심히 예수에 관한 것을 자세히 말하며 가르치나 요한의 세례만 알 따름이라 그가 회당에서 담대히 말하기 시작하거늘 브리스길라와 아굴라가 듣고 데려다가 하나님의 도를 더 정확하게 풀어 이르더라 아볼로가 아가야로 건너가고자 함으로 형제들이 그를 격려하며 제자들에게 편지를 써 영접하라 하였더니 그가 가매 은혜로 말미암아 믿은 자들에게 많은 유익을 주니 이는 성경으로써, 예수는 그리스도라고 증언하여 공중 앞에서 힘있게 유대인의 말을 이김이러라(행 18:24-28).

아굴라 브리스길라 부부로부터 아볼로는 성령 복음을 듣고 거듭났고, 후일 바울과 베드로와 어깨를 나란히 하는 복음 전도자로 우뚝 서게 되었습니다.

> 내 형제들아 글로에의 집 편으로 너희에 대한 말이 내게 들리니 곧 너희 가운데 분쟁이 있다는 것이라 내가 이것을 말하거니와 너희가 각각 이르되 나는 바울에게, 나는 아볼로에게, 나는 게바에게, 나는 그리스도에게 속한 자라 한다는 것이니 (고전 1:11-12).

훗날 루터는 아볼로를 히브리서 저자로 추측하기도 했습니다. 지금까지 여러 상황을 살펴본 결과, 복음 전도만이 전도의 전부가 아님을 알 수 있습니다. 대부분의 성도는 복음 전도에만 열심히 했을 뿐, 성령 전도에 관해서는 전혀 알지 못했거나 별로 관심이 없었습니다.

그러나 성령 전도의 중요성을 알게 된 지금부터 모든 것을 교회 지도자에게만 맡기려고 하지 말고, 성도 스스로가 지도자의 마음으로 불신자에게는 십자가 복음을, 장성한 신자라 할지라도 성령님을 만나지 못한 신자에게는 성령 복음을 전해야 합니다.

> 그러나 너희는 택하신 족속이요 왕 같은 제사장들이요 거룩한 나라요 그의 소유가 된 백성이니 이는 너희를 어두운 데서 불러내어 그의 기이한 빛에 들어가게 하신 이의 아름다운 덕을 선포하게 하려 하심이라(벧전 2:9).

이 사명을 감당하기 위해서는 성도 자신이 날마다 성령 충만함으로 깨어있어야 합니다. 잘 준비된 성도만이 감당할 수 있는 사역입니다. 지금 이 시각 자신이 성령의 사람인지 아닌지 알고 싶다면 이를 증명할 수 있는 아주 간단한 방법이 있습니다. 성령님은 예수님의 영이시며, 또한 전도의 영이십니다.

성령의 사람은 끊임없이 전도와 선교에 관심을 쏟게 되며, 이를 실행에 옮기지 못할 때는 자신에게 큰 부담으로 다가옵니다. 성령의 사람이라고 자처하면서도, 전도와 선교에 관심이 없으며 이로 인한 부담감마저 느끼지 않는다면 그는 결코 성령의 사람이 아닙니다.

누가 꾸중해도 자기의 믿음은 하나님 외에는 자기 자신이 가장 잘 압니다. 이 시간 자신의 믿음을 한번 확인해 보십시오.

> 그 후에 예수께서 각 성과 마을에 두루 다니시며 하나님의 나라를 선포하시며 그 복음을 전하실새 열두 제자가 함께 하였고(눅 8:1).

성령 충만한 그리스도인은 성령을 경험하지 못한 그리스도인들을 브리스길라 아굴라 부부처럼 깨우쳐 주어야 하며, 성령님을 경험하지 못한 그리스도인은 성령님을 내 마음에 모시려고 애쓰고 힘써야 합니다. 성령님을 모시는 방법은 앞장에서 이미 밝힌 바 있습니다.

> 볼지어다 내가 문밖에 서서 두드리노니 누구든지 내 음성을 듣고 문을 열면 내가 그에게로 들어가 그와 더불어 먹고 그는 나와 더불어 먹으리라(계 3:20).

† **질문** 당신은 사도 바울이 가르쳐 준 두 가지 전도법을 실행에 옮길 준비가 되어 있습니까? 또한, 배우길 뜨겁게 사모하십니까?

2. 예수님께 배우는 두 가지 전도 방법

1) 씨 뿌리는 전도(요 3:1-21)

예수님은 전도의 대가이시며 전문가이십니다. 예수님께서는 제자들에게 전도는 씨뿌리는 전도와 추수하는 전도가 있다고 가르쳐 주셨으며, 두 전도 모두 하나님으로부터 받은 상급은 같다고 말씀하셨습니다.

> 너희는 넉 달이 지나야 추수할 때가 이르겠다 하지 아니하느냐 그러나 나는 너희에게 이르노니 너희 눈을 들어 밭을 보라 희어져 추수하게 되었도다 거두는 자가 이미 삯도 받고 영생에 이르는 열매를 모으나니 이는 뿌리는 자와 거두는 자가 함께 즐거워하게 하려 함이라. 그런즉 한 사람이 심고 다른 사람이 거둔다 하는 말이 옳도다 (요 4:35-37).

예수님께서는 감사하게도 우리에게 요한복음 3장과 4장을 통하여 씨뿌리는 전도와 추수하는 전도 방법을 생생하게 보여주셨습니다. 이제 예수님께서 우리에게 친히 보여주신 두 가지 전도법을 함께 배워 보겠습니다.

예수님께서 요한복음 3장에서 니고데모와의 만남을 통하여, 주님의 제자인 우리에게 씨뿌리는 전도법을 상세히 보여주시고 전수해 주셨습니다. 말씀에 보면 니고데모는 영적 갈급함으로 인하여, 자신의 모든 것을 내려놓고 예수님께 나와 왔습니다(요 3:1-2). 하지만, 당시에는 거듭남의 필요성에 대한 예수님의 말씀을 니고데모는 전혀 이해하지 못했습니다(요 3:3-9). 그러나 이 순간 그의 의시와는 상관없이 니고데모의 영혼에 예수님의 복음의 씨앗이 뿌려졌습니다(요 3:10-21).

그리고 시간이 흐른 후 그는 예수님의 말씀을 깨닫고 복음을 받아들였습니다(요 7:45-52). 그리고 결국, 그는 예수님을 자신의 목숨보다 더 사랑하는 제자가 되었습니다(요 19:38-42).

이렇게 예수님께서 니고데모에게 뿌린 복음의 씨앗이 시간이 지난 뒤에, 열매를 맺게 된 것입니다. 전도의 진수가 가득 담겨 있는 요한복음 3장과 4장 말씀을 깊이 묵상해 볼 것을 권해 드립니다.

지금부터 예수님의 씨 뿌리는 전도법을 잘 활용한 두 사람의 전도자를 소개하겠습니다.

(1) 조지 스트리트의 전도자: 프랭크 제너(Frank Jenner)

런던 남부에 있는 크리스탈 궁전의 공원 옆, 한 침례교교회에서 주일예배를 마쳤을 때 한 사람이 손을 들고 일어나더니, 자기가 잠깐 간증을 해도 되겠느냐고 요청했고, 담임목사로부터 세 분의 허락을 받아 아래의 이야기를 하였습니다.

> 저는 호주 시드니에서 살다가 이곳으로 이사를 왔습니다. 몇 달 전, 저는 친척을 방문하기 위해 다시 시드니에 갔었는데, 그때 조지 스트리트를 걷고 있었습니다. 그때 제 앞에 한 낯선 하얀 머리의 노신사가 서더니 전도지 한 장을 주며 이렇게 물었습니다.
> "실례합니다.
> 혹시 구원받으셨나요?
> 오늘 밤 죽는다면 천국에 가실 수 있겠나요?"
> 저는 이전까지 그런 질문을 받아 본 적이 없어서 매우 당황하였지만, 예의바르게 인사하고 헤어졌습니다. 그러나 런던으로 돌아오는 내내, 이 질문이 머릿속에서 떠나지 않았고, 마침 기독교인인 한 친구에게 전화해서 이야기를 나눴는데 그가 저를 예수님께 인도하였습니다.

그 간증을 들은 청중들은 크게 손뼉 치며, 그 남자를 환영하였습니다. 그 침례교 목사가 그다음 주에 호주의 아델라이트에 가서 집회하게 되었습니다. 며칠간 계속된 어느 날 집회가 끝나고, 한 여자분이 그 목사를 찾아와서 이 같은 말을 하였습니다.

저는 이전에, 시드니에 살았답니다. 얼마 전 잠깐 시드니를 방문할 일이 있어서 갔다가 쇼핑을 위해 조지 스트리트에 들렀습니다. 그때 한 낯선 하얀 머리의 작은 남자가 제 앞에 오더니 이런 말을 하였습니다.
"아주머니, 실례합니다.
혹시 구원받으셨나요?
오늘 밤 죽는다면 천국에 가실 수 있겠나요?"
저는 그 말을 듣고 좀 불쾌했답니다. 그런데 아들레이드로 돌아와서도, 그 질문이 마음속에서 떠나지 않았습니다. 그래서 바로 옆에 있던 이 교회의 목사님을 찾아 말씀드렸더니, 그 목사님이 저를 예수님께 인도해서 지금은 기독교인이 되었습니다."

이 이야기를 들은 런던 목사님은 2주 사이에 벌써 똑같은 간증을 두 번이나 듣게 되어, 참 신기하게 생각했습니다. 그 목사님은 이어서 호주의 서쪽에 있는 퍼스라는 곳에 가서 집회를 인도했습니다. 집회가 끝나고, 한 장로님과 식사를 하는 자리에서 목사님은 그 장로에게 어떻게 예수님을 믿게 되었는지 질문을 하였더니, 그 장로가 이렇게 말했습니다.

저는 이 교회에서 자랐지만 한 번도 제 삶을 예수님께 드려본 적이 없었습니다. 그저 사업이 커지다 보니, 이렇게 장로까지 되었답니다. 그러다가 3년 전에 사업차 호주를 방문했는데 그때 조지 스트리트에서 한 늙은 사람이 제 앞에 서더니 이렇게 물었답니다.

"실례합니다.

구원받으셨나요?

오늘 죽는다면 천국 가실 수 있나요?"

저는 그 질문을 받고, 기분이 언짢아, '나는 침례교 장로요'라고 말하려는 참에 그 노인이 사라져 버렸답니다.

언짢은 마음을 가지고 퍼스로 돌아와서 우리 교회 목사님께 이 이야기를 나눴더니, 목사님께서 저의 이야기를 들으시고 목사님도 믿음 없는 저의 모습을 보면서 그 부분이 늘 안타까웠다고 하면서 그 날밤 저를 예수님께로 인도하셨답니다."

그 런던 목사님은 다시 영국을 돌아간 후, 케직 컨벤션 집회에서 말씀을 전하면서 위의 세 가지 간증을 나눴다 설교가 끝난 후, 네 명의 나이 드신 목사님들이 찾아와서는 말씀하시는 것이었습니다.

"우리도 25-30년 전에 호주 시드니의 조지 스트리트에서 그 노인분의 전도를 받아 예수님을 믿게 되었답니다."

다음 주에 그 런던 목사님은 카리비안 해에서 있었던 선교사들의 집회에서 말씀을 전하게 되었습니다. 집회 후 세 명의 선교사가 찾아와서는 말하였습니다.

"우리는 15년에서 25년 전에 각각 호주 시드니의 조지 스트리트에서 바로 그 노인의 전도를 받고 예수님을 믿었습니다."

영국으로 돌아오는 길에, 그는 미국 조지아주 애틀랜타에서 1,000여 명의 해군 군종장교를 대상으로 3일 동안 집회를 인도했는데 집회 후, 해군 군종감 장군과 식사하는 자리에서 그로부터 다음과 같은 간증을 들었습니다.

그것은 기적이었지요. 제가 탄 배가 남태평양에서 훈련하던 중 스디니항에 정박을 했습니다. 외출하여 술을 많이 마셔서 취하게 되자, 그만 돌아오는 버스를 잘못 타서 조지 스트리트에 내렸습니다. 그때 어떤 키 작은 분이 유령처럼 제 앞에 서더니 이렇게 묻고는 사라졌습니다.

"젊은이 구원받았는가?

오늘 밤 죽는다면 천국에 갈 수 있는가?"

그 순간 하나님에 대한 두려움이 갑자기 저를 사로잡았고 저는 정신이 번쩍 들어, 바로 배로 돌아가서는 군종 장교를 찾았고 그분의 도움으로 그때 예수님을 영접하였으며, 군종병으로 병과를 옮기고 그분의 지도로 사역을 시작하여 지금은 1,000여 명의 군종장교를 책임지는 군종감이 되었습니다

6개월 후, 그 영국 목사님은 인도 북부에서 5,000명의 인도 선교사를 대상으로 말씀을 전하였습니다. 집회 후, 그 집회의 리더인 인도 선교사님의 집에서 식사를 나누면서 어떻게 힌두교도이셨다가 예수님을 믿게 되었는지 물었습니다. 그 인도 선교사는 아래와 같이 이야기했습니다.

저는 외교관으로서 전 세계를 여행하는 특권을 누렸습니다. 어느 날 호주 시드니를 방문하여, 마지막 일정으로 조지 스트리트에서 제 아이들에게 줄 선물을 사고 있는데 한 노인이 예의 바르게 제 앞에 서더니, 이렇게 물었습니다.

"실례합니다.

구원받으셨나요?

오늘 밤 죽는다면 천국에 가실 수 있으신가요?"

그 질문을 듣고 고향으로 온 후에도, 마음속에서 그 질문이 떠나지 않아 힌두교 사제를 찾아 이 질문을 했더니 그 사제가 말하였습니다.

"나는 그 질문에 도움을 줄 수 없지만, 저 골목 끝에 사는 기독교 선교사는 도움을 줄 수 있을 것이오."

저는 그 선교사님을 통하여 예수님을 영접하고 모든 힌두교 관습을 끊었습니다. 그 후 사역자가 되었고, 지금은 이렇게 5,000명의 선교사를 이끌고 있으며 10만 명의 사람들을 그리스도께로 인도하였습니다. 8개월 후 그 런던 목사님은 호수 시드니의 한 교회에서 말씀을 전하게 되었습니다. 그는 그 교회 목사님께 혹시 조지 스트리트에서 전도하는 나이드신 분을 아느냐고 물었습니다. 그 말은 들은 목사님이 대답했습니다.

"예. 알지요. 그분이 게노 씨입니다. 하지만, 지금은 나이가 많으시고 몸이 아프셔서 더 이상 전도를 못 하실 겁니다."

이틀 후, 그들은 한 작은 아파트에서 그를 찾았습니다. 그들이 문을 두드렸을 때 아주 작은 체구의 허약한 노신사가 그들을 맞이했습니다. 알고 보니 그의 본명은 프랭크 제너(Frank Jenner) 였습니다.

그 런던 목사님은 제너 씨에게 지난 3년 동안, 그가 들었던 놀라운 이야기를 들려주었습니다. 그 이야기를 다 들은 제너 씨는 한참을 울고 나서 자기 이야기를 들려주었습니다.

저는 젊을 때 해군이었고, 예수님을 모른 채 살았습니다. 어느 날 사방이 꽉 막힌 것 같은 위기에 부딪혔는데 제가 늘 괴롭혔던 예수 믿는 한 동료가 있었는데 그가 나를 헌신적으로 도와주었고, 저는 그의 도움으로 예수님을 믿게 되었습니다. 그 이후로 제 삶은 정말 죽음에서 생명으로 변화되었고 저는 그날부터 앞으로 매일 10명에게 간단한 전도의 방법으로 예수님을 전하겠다고 하나님께 약속하였습니다. 하나님이 힘을 주시면 나가서 그렇게 하였고 몸이 아파서, 전도하지 못했을 때는 다른 날에 그 분량을 채웠습니다. 그렇게 40년 넘게 그 일을 했습니다. 은퇴 후에는 소시 스트리트에 나가서 전도했는데 그동안 많은 사람이 전도지를 받았지만, 저는 오늘까지 단 한 명도 저의 전도로 예수님을 믿게 되었다는 이야기를 들어보지 못했습니다.

그는 그로부터 2주 후에 천국으로 갔습니다.

(2) 최권능 목사

"예수 천당! 불신 지옥!"

노방 전도를 한 최권능 목사님은 삼십여 년간 2만 3천여 명의 집사, 320여 명의 목사, 87개의 교회를 세웠습니다. 그리고 전도한다는 이유로 1944년 4월 25일 일제의 모진 고문 끝에 몸이 돌덩이처럼 굳어져서 몸에 주삿바늘이 들어가지 않는 상태에서도, 병원에서 의사와 간호사 환자들을 향해 외치다가 하늘나라로 가셨습니다.

"예수 천당! 불신 지옥!"

(3) 진정으로 전도에 헌신해 보았는가?

요즈음 보면 노방 전도에 대한 불신과 불만이 상당한 것 같습니다. 믿지 않은 사람은 물론, 믿는 사람들까지도 노방 전도로 인한 소음 등의 피해를 본다고 불평합니다. 심지어 노방 전도자를 향해 같은 그리스도인으로 창피함을 느낀다고 말하는 이들도 적지 않습니다.

그런데 노방 전도보다 T.V나 인터넷 등 매스컴을 통하여 접하게 되는 광고나 교묘하게 접근하는 온갖 간접광고에 대해서는, 놀라운 정도로 관대합니다. 그리고 광고는 대부분 철저하게 자신들의 영리를 목적으로 하고 있지만, 전도자들은 자신의 가장 소중한 시간과 물질을 아끼지 않고 다른 이들의 유익을 위해 헌신합니다.

멀쩡한 정신에 이런 일을 한다면 무작정 비난하거나 욕만 할 것이 아니라, 그럴만한 이유가 있다고 생각하고 그리스도를 한번 경험해 보길 권해 드립니다.

그러고 난 후에 평가해도, 늦지 않을 것입니다. 그리고 믿음의 형제들에게 이 말씀을 꼭 드리고 싶습니다. 노방 전도에 대해 불신하는 분들 가운데 진정으로 전도에 헌신해 보셨는지 묻고 싶습니다.

만약, 자신의 어린 자녀가 아무것도 모르고 불구덩이로 뛰어들려고 한다면 어떻게 하시겠습니까?

그래도 여전히 고상하게 행동하시겠습니까?

아니면 남의 시선 의식하지 않고, 미친 듯이 달려가 막아서겠습니까?

전도도 이만큼 절박한 것입니다. 그리고 믿기를 거부하는 사람은 아무리 전도하기 좋은 환경을 조성하여도 쉽게 믿지 않습니다. 하지만, 준비된 영혼은 어떤 환경 가운데도 복음의 선포 앞에 그 즉시 찔림을 받게 되며, 주님의 품으로 나아오는 계기가 됩니다.

이것이 복음의 능력입니다.

> 누구든지 주의 이름을 부르는 자는 구원을 받으리라 그런즉 그들이 믿지 아니하는 이를 어찌 부르리요 듣지도 못한 이를 어찌 믿으리요 전파하는 자가 없이 어찌 들으리요 보내심을 받지 아니하였으면 어찌 전파하리요 기록된 바 아름답도다 좋은 소식을 전하는 자들의 발이여 함과 같으니라 (롬 10:13-15).

2) 추수하는 전도 (요 4:1-42)

예수님께서 요한복음 4장에서 사마리아 여인을 통해 보여 주신, 추수하는 전도법을 배워보겠습니다. 예수님께서 수가성 야곱의 우물가에서 만난 사마리아 여인은 자신의 방탕한 삶으로 인한 양심의 가책으로, 다른 사람들의 눈을 피해 외딴곳에 살고 있었습니다. 그녀는 이로 인하여, 사람들이 많이 모이는 선선한 아침과 저녁을 피해, 무더운 한 낮에 물을 길으러 다녔습니다(요 4 : 6-7).

우물가에서 예수님을 만난 그녀는 예수님과의 대화 가운데 자신의 죄악된 삶을 되돌아보며 예수님의 책망도 달게 받아들였습니다(요 4:9-19). 이렇게 죄책감에 사로잡혀 있는 그녀였지만, 그녀는 죄악 된 자신의 삶 속에서도 메시아 예수님을 간절히 기다리고 있었습니다(요 4:25).

그러자 준비된 영혼인 그녀를 예수님께서 바로 만나주셨습니다. 추수할 영혼이었습니다(요 4:26). 예수님을 만난 그녀는 순식간에 변화되었습니다. 그리고 그녀는 바로 동네로 뛰어 들어가, 이제는 사람들을 피하지 않고 만나는 사람마다 붙잡고 복음을 전했습니다(요 4:28-29). 사마리아 여인의 이런 행동은 예수님을 만난 사람들의 한결같은 반응이며 누구에게나 나타나는 특징입니다.

> 그 때에 그 스랍 중의 하나가 부젓가락으로 제단에서 집은 바 핀 숯을 손에 가지고 내게로 날아와서 그것을 내 입술에 대며 이르되 보라 이것이 네 입에 닿았으니 네 악이 제하여졌고 네 죄가 사하여졌느니라 하더라 내가 또 주의 목소리를 들으니 주께서 이르시되 내가 누구를 보내며 누가 우리를 위하여 갈꼬 하시니 그 때에 내가 이르되 내가 여기 있나이다 나를 보내소서 하였더니(사 6:6-8).

여러분께 추수하는 전도자 에딧 번즈를 소개하겠습니다. 추수하는 전도에 관하여 많은 영감을 받으시길 바랍니다.

텍사스주 센 엔토니오란 큰 도시에 에딧 번즈라는 여성도가 살고 있었습니다. 그녀는 환자였으며 병원에 입원해 있었습니다. 그녀는 병원에 입원해 있으면서도 만나는 모든 사람에게 이렇게 자기를 소개했습니다.

"안녕하세요?

저는 에딧 번즈입니다.
부활을 믿으세요?"

그리고 자기의 말에 관심을 가지는 사람들에게 부활의 복음을 전해서 수많은 사람을 믿게 했습니다. 그녀가 입원한 병원에 세 번 결혼하고 세 번 이혼한 마음이 강퍅한 수 간호사가 있었습니다. 그녀에게 번즈는 복음을 전했습니다.

"안녕하세요?
저는 간호사님을 위해서 기도하고 있습니다. 하나님은 간호사님을 사랑하십니다. 저도 간호사님을 사랑합니다."

번즈의 이 말을 들은 수 간호사는 크게 화를 내면서 자기는 절대로 하나님을 믿을 일이 없을 테니, 괜한 헛수고 하지 말라며 잘라 말했습니다. 그래도 그녀는 수 간호사에게 이렇게 말했습니다.

"저는 계속해서 기도할 것입니다. 간호사님이 예수님을 믿고 천국 백성이 될 때까지 계속 기도할 것입니다. 저는 하나님께 기도드렸습니다. 간호사님이 예수님을 믿기까지는 저를 천국에 데려가지 말아 달라고 기도드렸습니다."

그러자 수간호사가 말하였습니다,

"그래요. 내가 예수를 믿어야 당신이 죽는다면 당신은 절대로 죽지 않을 거예요."

그래도 번즈는 그녀의 구원을 위하여 하나님께 날마다 기도드렸습니다. 그러던 어느 날 수간호사는 갑자기 번즈의 병실에 가보고 싶은 강렬한 충동을 느꼈습니다. 그녀가 한참을 망설이다 번즈의 병실 문을 열었을 때 번즈는 반갑게 맞아주었습니다.

"잘 오셨습니다. 감사합니다. 하나님은 간호사님을 사랑하십니다."

그러자 수간호사가 번즈에게 정색을 하고 말했습니다.

"번즈, 당신은 다른 사람에게는 부활을 믿으세요? 라고 질문하면서 왜 나에게는 부활에 관해서 얘기하지 않는 거예요?"

간호사의 말에 번즈가 대답했습니다.

"나도 그렇게 말하고 싶었지요. 그렇지만 하나님께서는 간호사님이 먼저 부활에 대해서 얘기하기 전에는 말하지 말라고 하셨습니다.

간호사님도 부활을 믿으세요?"

번즈의 질문에 이미 마음의 문이 열린 수간호사는 뜨겁게 고백을 했습니다.

"믿습니다. 내가 진심으로 부활을 믿습니다."

번즈는 그녀에게 예수님이 십자가에서 죽으심과 부활에 대하여 복음을 전했습니다. 그녀가 번즈의 병실에서 나와 복도를 걸어가는데 이루 말할 수 없는 기쁨과 평안이 그녀에게 밀려왔습니다. 마치 천사의 날개를 단 것 같았다고 훗날 그녀가 고백했습니다.

어느 날 수간호사가 번즈의 병실 문은 열었는데 다른 날과는 달리, 에딧 번즈는 미동도 없이 누워있었습니다. 수간호사가 조심스레 다가가서 살펴보니 그녀는 숨이 멎어 있었습니다. 그녀의 무릎에는 검은색 성경이 놓여 있었으며 두 손에 각각 다른 성경 구절이 놓여있었습니다.

> 내 아버지 집에 거할 곳이 많도다 그렇지 않으면 너희에게 일렀으리라 내가 너희를 위하여 거처를 예비하러 가노니 가서 너희를 위하여 거처를 예비하면 내가 다시 와서 너희를 내게로 영접하여 나 있는 곳에 너희도 있게 하리라(요 14:2-3).

> 모든 눈물을 그 눈에서 닦아 주시니 다시는 사망이 없고 애통하는 것이니 곡하는 것이나 아픈 것이 다시 있지 아니하리니 처음 것들이 다 지나갔음이러라(계 21:4).

수간호사는 눈을 들어 하늘을 바라보며 말했습니다.

"부활을 축하해요. 에딧."

수간호사의 눈에서 뜨거운 눈물이 흘러내렸습니다. 그녀가 병실을 나와서 복도를 걸어가는데, 한 무리의 간호 견습생이 있었습니다. 그녀는 그들에게 다가가서 말했습니다.

"안녕하세요?

저는 필리스 크로스입니다.

부활을 믿으세요?"

그리스도의 복음은 부활의 생명력이 있습니다. 에딧 번즈는 주님 곁으로 갔지만, 복음은 살아서 필리스 크로스에게서 부활했습니다. 이것이 복음의 생명력입니다.

† **질문1** 당신은 요한복음 3-4장을 통하여 예수님으로부터 두 가지 전도법을 배웠습니다.

한 가지는 씨뿌리는 전도법이며 또 한 가지는 추수하는 전도법입니다.

이 두 가지 전도법을 배우면서 느낀 점은 무엇입니까?

† **질문2** 당신은 이 두 가지 전도법을 잘 활용할 수 있는 준비가 되어 있습니까?

또한, 배우려는 뜨거운 마음이 있습니까?

제5장

드리는 말씀

1. 요한복음 3장 16절 전도법

에딧 번즈의 추수하는 전도 내용은 수년 전 부활절 연합 예배 때 강사 목사님의 설교내용을 정리한 것이며, 조지 스트리트의 전도자 프랭크 제너 씨의 씨 뿌리는 전도 내용은 제가 기도 모임으로 섬기고 있는 선교사님께서 인터넷을 통하여 접하고 그 내용을 정리한 것입니다.

제너 씨가 이렇게 간단하게 복음을 전했는데도, 이런 놀라운 결과가 있었다면 우리가 예수 그리스도의 온전한 복음을 전한다면 얼마나 더 놀라운 역사가 일어나겠습니까?

하지만, 안타깝게도 너무 바쁘게 살아가는 세상이 되다 보니, 모르는 사람에게 다가가서 몇십 분의 시간을 할애받는다는 것이 너무 힘든 현실이 되어버렸습니다.

그래서 지금 소개하려는 요한복음 3장 16절 전도법은 상대에게 자연스럽게 다가가거나 아니면 자연스러운 자리가 만들어졌을 때 최소한의 시간으로 재미와 흥미를 불러일으키며 집중력 있게 전할 수 있도록 만들었습니다. 저는 수십 년간의 영업 활동과 노방 전도 및 개인 전도를 통하여 상대의 마음의 문을 여는 방법을 자연스럽게 알게 되었습니다.

말에는 마음에 문을 여는 말과 마음의 문을 닫는 말이 있습니다. 성공하는 영업을 하려면 상대와의 첫 대화가 영업의 승패를 좌우합니다. 첫 대화에서 상대의 마음의 문을 열면 그때부터 나의 의도대로 상대의 마음을 움직일 수 있습니다. 전도의 원리도 이와 유사합니다. 전혀 모르는 사람을 만났을 때, 첫 대화에서 상대의 마음의 문을 열지 못하면 복음을 전하기란 거의 불가능해집니다(물론 먼저 성령님께 상대의 마음의 문을 열어 달라고 기도하는 것이 필수입니다). 이제 마음의 문을 여는 방법에 대해 알아보겠습니다.

요한복음 3장 16절 전도법 시작은 다음과 같습니다.

"안녕하세요?

선생님(사모님 형제님 자매님 등), 신앙생활하십니까?"

이렇게 질문하는 장면이 나옵니다. 그런데 전도 현장에서 보면 대부분 전도자가 첫 질문에 다음과 같은 질문을 하는 경우를 많이 봅니다.

"안녕하세요?

선생님(사모님, 형제님, 자매님 등) 종교 있으세요?"

독자분들 가운데 여기서 전도자가 말하는 신앙이란 단어와 종교라는 단어가 비슷한 느낌을 주는 단어라고 대수롭지 않게 생각할지 모르지만, 막상 전도 현장에서 각각 두 단어를 사용해서 전도해 보면 상대가 보이는 반응은 실로 엄청난 차이를 보입니다. 경험에 의하면, 사람들은 신앙이란 단어를 들을 때 경건한 마음을 가지는 경향을 보이며 반대로 종교라는 단어는 신앙이라는 단어와는 달리 딱딱하고 이질적인 단어로 들리는 듯합니다.

"선생님, 신앙생활하세요?

이런 질문은 마음의 문을 여는 질문입니다.

"선생님, 종교 있으세요?"

이런 질문은 마음에 문을 닫는 질문이 됩니다.

"안녕하세요?

저는 교회에서 나왔는데요, 예수 한번 믿어 보세요. 너무 좋습니다."

이런 말도 많이 합니다.

그러면 대부분 사람이 귀찮은 표정을 지으며 얼른 자리를 피하려고 하거나 친한 사람들은 서둘러 화제를 바꾸려고 합니다. 상대가 이런 반응을 보이는 가장 큰 이유는 그가 전도자의 의도를 파악하고, 자신이 지금까지 겪은 경험에 비춰봐서 분명 귀찮은 일이 일어날 것이라고 미리 결정해 버리기 때문입니다. 이후에 어떤 좋은 말을 전해도 받아들이지 않게 됩니다. 결과적으로 이런 말은 마음의 문을 닫는 말이 됩니다.

그럼 지금까지 열심히 설명해 드린 마음의 문을 여는 말을 어떻게 요한복음 3장 16절 전도법에 활용하는지 택시 기사분께 전도하는 광경을 통해 생생하게 보여 드리겠습니다. 저는 어느 날, 주일예배에 참석하기 위해 택시를 탔습니다. 택시 기사분에게 전도해야겠다고 마음을 먹었습니다. 물론, 제일 먼저 해야 할 일은 성령님께 기사분의 마음의 문을 열어 달라고 기도하는 것입니다. 그리고 기사분과 마음의 벽을 허물기 위해 간단한 대화는 필수적입니다. 하지만, 이때 절대 해서는 안 될 말이 있습니다.

예를 들면 다음과 같습니다.

"선생님, 요사이 경기가 너무 좋지 않죠?"

"선생님, 무척 피곤해 보이십니다."

이런 부정적인 말은 해서는 안 됩니다. 전도 대상자에게는 언제나 밝고 긍정적인 말을 해야 합니다.

"선생님, 첫인상이 참 좋습니다."

"선생님, 운전을 여유롭게 잘하십니다. 선생님만의 특별한 방법이 있나요?"

요한복음 3장 16절 전도법은 이렇게 잠시 상태와 대화를 나누다가, 조금도 망설일 필요 없이 질문을 하고 비로 본론으로 들어가면 됩니다.

"그런데 선생님, 신앙생활 하십니까?"

그러면 대부분의 사람이 잠시 생각에 잠겼다가, 경건한 목소리로 자신의 종교를 말해 줍니다. 그럴 때 순간을 놓치지 말고 전도를 시작하면 됩니다.

"아! 그러세요. 저는 기독교인입니다. 선생님, 제가 재미있는 이야기 하나 해 드릴게요."

이어서 노방 전도의 예를 들어 보겠습니다.

권사님 한 분이 공원에 전도하러 들렀을 때 공원 입구에서 조금 떨어진 벤치에 아주머니 한 분이 앉아 계십니다. 권사님이 반가운 마음을 가지고 아주머니를 향해 걸어가면서 복음을 전할 때 성령님께서 아주머니의 마음을 열어 달라고 기도합니다. 그리고 아주머니 앞으로 다가가 인사와 함께 아주머니의 장점을 찾아서 칭찬합니다.

"안녕하세요?

사모님, 오늘 날씨가 너무 좋습니다. 그런데 사모님, 너무 멋쟁이세요. 동네에서도 멋쟁이라고 소문나셨죠?"

"사모님, 파마가 너무 잘 나왔네요.

어느 미용실에서 하셨나요?

저도 머리 손질을 해야 하는데요."

이렇게 잠시 전도 대상자와 대화를 나누던 권사님이 바로 본론으로 들어갑니다.

"그런데 사모님, 신앙생활 하세요?"

이제 마무리하겠습니다.

어떤 분들 가운데 요한복음 3장 16절 전도법을 대하면서, 이보다 좀 더 세련된 말로 복음을 전할 수 있을 텐데 하며 자기 생각대로 전도법을 중간중간 바꿔서 전할 수도 있을 것입니다.

하지만, 이 전도법은 사람들에게 복음의 흥미를 불러일으키며, 마음의 문을 여는 말들로 쓰여 있으므로 큰 이유가 없으면 내용 그대로 전해 주시길 부탁드립니다(요 3:16 전도법이 능숙해지면 성령님께서 그때그때 상황에 맞게 복음을 전할 지혜를 주실 것입니다).

잘못하면 상대의 집중력을 떨어뜨리는 결과를 가져올 수 있기 때문입니다. 또 한 가지 이 전도법은 어떤 종교를 가진 사람이라 해도 부담을 주지 않고 자연스럽게 전할 수 있는 것이 특징입니다. 왜냐하면 요한복음 3장 16절 전도법은 다른 여러 종교의 정체성부터 먼저 설명해 주면서 접근하기 때문입니다.

그러므로 요한복음 3장 16절 전도법으로 복음을 전하고 나면 복음을 들은 사람들이 오히려 유익한 시간을 가졌다며 전도자에게 감사해할 것입니다.

2. 요한복음 3장 16절 전도법 매뉴얼

· **방법 1** (최대한 상냥하게)
"안녕하세요?
선생님(사모님, 형제님, 자매님 등), 신앙생활 하십니까?"

· **방법 2** (전도 대상자와 대화 중 적당한 기회를 잡아서)
"그런데 선생님(사모님, 형제님, 자매님 등), 신앙생활 하세요?"

(위 질문 후 "불교입니다.", "무교입니다." 등 상대의 대답을 듣고 난 뒤에 다음과 같이 이어 갈 것.)
"아! 그렇습니까?
저는 기독교인입니다. 제가 재미있는 이야기 하나 해 드릴게요(이때는 상대의 말을 기다리지 말고 재빨리 다음 말로 이어 갈 것).
종교마다 그 종교의 진리나 원리를 가르치고 깨우치는 경전이 있거든요. 불교에는 대장경이 있고요(이때 해인사에 있는 팔만대장경이라고 들어 보셨죠?

라고 하면 더욱 관심을 끌 수 있음) 유교에는 사서삼경 사서오경이 있고요. 이슬람교는 코란이 있습니다.

제가 질문 하나만 드릴게요.

기독교의 경전은 무엇인지 아십니까?"

(이때 주의할 점은 굳이 상대의 답을 기다릴 필요 없이 1-2초 정도의 시간을 할애했다가 답이 없으면 전도자가 답을 말하면서 자연스럽게 다음 설명으로 이어 갈 것.)

"예. 성경입니다. 성경은 구약과 신약으로 나누는데요. 구약 39권, 신약 27권, 총 66권으로 되어 있는 방대한 책입니다. 이 방대한 성경책의 내용을 줄이고 줄여서 한 단어로 요약하면 복음이란 단어가 나옵니다. 이 복음이란 단어의 뜻은 '좋은 소식', '기쁜 소식'을 뜻합니다. 이 '좋은 소식', '기쁜 소식'이 가장 잘 나타나 있는 성경 구절이 요한복음 3장 16절 말씀입니다.

이 말씀에 보면 '하나님이 세상을 이처럼 사랑하사 독생자를 주셨으니 이는 그를 믿는 자마다 멸망하지 않고 영생을 얻게 하려 하심이라'라고 말씀하십니다.

이 말씀의 뜻은 하나님이 우리를 얼마나 사랑하시는지 하나밖에 없는 자기 아들을 우리의 죄를 대신하여 십자가에 못 박혀 죽게 할 만큼, 우리를 사랑하신다는 말씀입니다.

그리고 십자가에서 죽으신 예수님이 내 죄를 대신하여 죽으시고, 내 죗값을 갚으시고, 사흘 만에 부활하심으로 진심으로 믿으면 나의 어떤 죄도 다 용서하시고 영생을 주시겠다는 말씀입니다. 즉, 천국 간다는 말입니다.

이 얼마나 우리를 향한 하나님의 지극하신 사랑입니까?

이것이 성경이 우리에게 말하고자 하는 핵심입니다. 로마서 10장 10절에 보면 '사람이 마음으로 믿어 의에 이르고 입으로 시인하여 구원에 이르느니라'라는 말씀이 있습니다.

이 말씀의 의미를 해석하면 이렇습니다.

한 남자와 한 여자가 서로 사랑하는데 누가 먼저 사랑한다고 표현하지 않으면 갑돌이와 갑순이처럼 영원히 이루어질 수 없는 짝사랑이 되지만 남자가 용기를 내어 여자에게 사랑을 고백했을 때 여자가 예 하고 받아들이면 이 순간부터 진실하고 완전한 사랑이 시작됩니다.

이처럼, 하나님도 선생님(사모님, 형제님, 자매님 등)을 너무너무 사랑한다고 지금, 이 순간 고백하고 계십니다. 하나님께서도 선생님이 "하나님! 저도 하나님을 사랑해요."라는 사랑의 고백을 너무너무 듣고 싶어 하십니다.

이 시간 저와 함께 하나님께 사랑의 고백인 영접 기도를 드리겠습니다. 어렵지 않습니다. 마음을 모으시고 저를 따라 하면 됩니다."

[영접기도]

예수님 나도 예수님 믿고 영생 얻기를 원합니다.
예수님이 나 대신 죽으셔서 내 죗값을 갚으시고 부활하심을 믿고 감사드립니다.
나는 지금 내 마음의 문을 열고 예수님을 나의 구주로 영접합니다.
내 마음에 들어오세요. 내 삶을 인도해 주세요.
예수님의 이름으로 기도드립니다. 아멘

"진심으로 예수님을 마음속에 영접하셨습니까?
그렇다면 예수님은 영원토록 선생님과 함께 계십니다.
축하합니다!
선생님은 하나님의 사녀가 되었습니다.
죄 사함을 받았습니다.
영생을 얻었습니다.

이제 우리 교회에서 저와 함께 신앙생활을 잘하시길 바랍니다. 제가 신앙의 선배로서 선생님이 신앙생활 하는데 필요한 여러 가지 도움을 드리겠습니다."

(연락처를 주고 받음.)

(영접 기도를 권할 때 주저하지 말고 자신 있게 권할 것. 때로는 영접 기도를 거절하는 분들도 계심. 그럴 때는 당황하지 말고 다른 말로 이어 가면 됨.)

"아! 그러세요. 아직 마음의 준비가 덜 되셨나 보네요.

선생님과 친분이 있는 분들 가운데 교회에 다니시는 분들 계시죠?

그분들이 교회 가자고 하면 거절하지 마시고, 함께 교회 가셔서 하나님을 한번 경험해 보세요. 그리고 그때 가서 결정하셔도 얼마든지 됩니다."

핵심

인사말 → 경전 이야기 → 성경 이야기(복음) → 요한복음 3:16 → 로마서 10:10 → 사랑 고백 → 영접기도→ 축하 → 교회로 안내

부록

거듭남의 방법 총정리

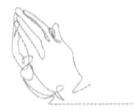

    성경은 오순절 성령강림 사건을 기점으로, 사도행전 2장 이전과 이후로 나눌 수 있으며, 여러모로 살펴보아도 사도행전 2장이 성경의 가장 깊숙한 중심부임을 믿어 의심치 않습니다. 또한, 오순절 성령강림은 그리스도를 믿고, 구세주로 고백하는 그리스도인이 탄생하는 계기가 됩니다.

    그럼, 여기서 사도행전의 가장 핵심 인물이 되는 베드로와 사도 바울을 통해 사도행전 2장 이전과 이후 그들의 삶의 변화를 추적해 보겠습니다.

    베드로는 갈릴리 바다에서 잔뼈가 굵은 어부로서 그날도 동생 안드레와 고기를 잡다가, 부지중에 예수님의 수제자로 부르심을 받았습니다. 이때부터 다혈질인 베드로의 좌충우돌 예수님의 제자로서의 삶이 시작됩니다. 지면 관계로 베드로의 활약상은 다음으로 미루고, 그냥은 덮고 넘어갈 수 없는 예수님에 대한 베드로의 배신 장면을 같이 살펴보겠습니다.

    예수님께서 열두 제자들과 함께 유월절 최후의 만찬을 마치시고, 감람산에 기도하러 올라가셔서 제자들에게 '오늘 밤, 너희들이 다 나를 버릴 것이라.'고 폭탄선언을 하셨습니다. 예수님의 폭탄선언에 놀란 베드로가 두 주먹을 불끈 쥐고 흔들며, 모두가 주님을 버릴지라도 자신은 절대로 주님을 버리지 않겠다고 맹세했습니다.

    이에 다시, 예수님께서 베드로에게 네가 오늘 밤 닭 울기 전에 세 번 나를 부인할 것이라며 단정적으로 말씀하셨습니다. 베드로 또한 예수님의 말씀에 지지 않고, 주님과 함께 죽을지어정, 절대로 주님을 부인하지 않겠다며 목소리를 높이고, 곁에 있던 다른 제자들도 끝까지 주님과 함께하겠다며 의지를 다졌습니다.

하지만, 예수님을 체포하기 위해 무장한 무리에 모여들자, 제자들이 뒤로 슬금슬금 꽁무니를 빼더니 순식간에 다 도망쳐 버렸습니다. 정신없이 도망치던 베드로가 양심의 가책을 느끼고, 예수님이 계시는 곳으로 되돌아왔지만 예수님과 함께 처벌받을 것을 두려워하여 멀찍이 떨어져 뒤따라가다가 대제사장의 하인들 틈에 앉아 상황을 살피고 있었습니다.

이를 본 그 집의 여종과 다른 사람들이 베드로를 알아보고, 네가 예수의 제자가 아니냐고 따져 묻자, 겁에 잔뜩 질린 베드로가 예수님을 모른다고 부인하는 것도 모자라 급기야 예수님을 전혀 모른다고 두 손 들고 맹세하고 저주까지 서슴지 않았습니다. 이 순간 베드로의 귓가에 닭 우는 소리가 생생하게 들려왔습니다.

베드로는 얼굴을 감싸 쥐고 밖으로 뛰쳐나가, 자신의 믿음 없음과 예수님에 대한 죄책감으로 꺼이꺼이 목 놓아 울었습니다. 이런 한심한 믿음을 가진 베드로였지만, 사도행전 2장 오순절 성령강림 사건을 계기로 (거듭난) 베드로는 더 이상 이전의 베드로가 아니었습니다.

그의 오순절 설교와 솔로몬 행각에서 설교를 통하여 하루에 삼천 명, 오천 명의 사람들이 주께로 돌아왔으며 그는 주위의 모진 핍박에도, 조금도 두려워서 하지 않고 오히려 핍박과 매 맞음을 기쁘게 여기며, 오직 복음 전하는 일에 전념했습니다.

전승에 따르면 베드로는 십자가 지기도 송구하다며, 그의 요구에 따라 십자가에 거꾸로 달려 순교했다고 전해지고 있습니다.

> 베드로가 이르되 너희가 회개하여 각각 예수 그리스도의 이름으로 세례를 받고 죄 사함을 받으라 그리하면 성령의 선물을 받으리니 (행 2:38).

사도 바울(사울)은 예수님의 제자였지만, 다른 제자들과는 달리 독특한 방법으로 예수님을 만났습니다. 그는 젊은 시절 엄격한 율법주의자로서 교회를 이단으로 규정하고, 교회를 완전히 제거할 목적으로 살인도 서슴지 않았던 유대교의 열혈 당원이었습니다.

> 그들이 돌로 스데반을 치니 스데반이 부르짖어 이르되 주 예수여 내 영혼을 받으시옵소서. 사울은 그가 죽임을 당함을 마땅히 여기더라(행 7:59 ; 8:1).

이때 유대교의 박해로 인하여 예루살렘교회에서 여러 지방과 도시로 흩어진 그리스도인들이 가는 곳마다 복음을 전하므로 크게 부흥이 일어나자 이에 위기감을 느낀 사울이 이들을 체포해서, 예루살렘으로 끌고 오기 위해 다메섹으로 가던 중에 갑자기 하늘로부터 강한 빛이 사울에게 비쳤습니다.

너무나 강력한 빛에 몸을 가누지 못한 사울이 땅바닥에 엎드려져 어쩔 줄 몰라 하고 있을 때 꾸짖는 주님의 음성이 들렸습니다.

"사울아, 사울아 네가 어찌하여 나를 박해하느냐?"

사울이 깜짝 놀라 누구시냐고 여쭈어보니, 나는 네가 박해하는 예수라고 대답하셨습니다. 그리고 사울에게 일어나 다메섹으로 들어가 직가라 하는 거리에 있는 유다 집에서 나의 뜻을 전할 자가 찾아갈 때까지 그곳에서 머물라고 말씀하셨습니다.

강력한 빛에 눈이 보이지 않게 된 사울은 다른 사람의 손에 이끌려 다메섹 유다의 집에서 사흘 동안 보지도 먹지도 못하고, 주님이 보낼 사람을 애타게 기다리고 있었습니다. 다메섹에 아나니아라는 주님의 제자가 살고 있었습니다. 주님께서 환상 중에 아나니아에게 나타나셔서, 직가 거리에 있는 유다의 집에 가서 다소 사람 사울을 만나라고 하시면서, 그는 내 이름을 이방인과 임금들과 이스라엘 자손들에게 전하기 위하여 택한 나의 그릇이라고 말씀하셨습니다. 사울이라는 말씀에 다소 의아하지만, 주님의 명령에 순종한 아나니아는 유다의 집에 머무는 사울을 찾아가 안수하며 말하셨습니다.

"형제 사울아!

네가 다메섹으로 오는 길에 만났던 예수께서 나를 네게 보내어 너를 다시 보게 하시고 성령으로 충만하게 하신다."

그러자 즉시 사울의 눈에서 비늘 같은 것이 벗겨져 다시 보게 되었으며, 성령으로 (거듭난) 사울은 일어나 세례를 받은 후 음식을 먹고 강건해졌습니다.

이때부터 바울은 이전의 삶과 다른, 완전히 새로운 삶을 살게 됩니다. 그는 이방인의 사도가 되어 수많은 이방인에게 복음을 전하고 사역하며 복음을 위해 일생을 바치게 됩니다. 그의 행적은 사도행전과 그가 집필한 신약성경 27권 중 13권에 고스란히 담겨 있습니다.

> 내가 달려갈 길과 주 예수께 받은 사명 곧 하나님의 은혜의 복음을 증언하는 일을 마치려 함에는 나의 생명을 조금도 귀한 것으로 여기지 아니하노라(행 20:24).

성도 여러분!

지금까지의 말씀을 통해 왜 성도가 거듭나야 하는지 충분히 이해하셨을 겁니다.

그리고 성도 여러분!

거듭남은 구원의 척도가 됩니다.

> 예수께서 대답하시되 진실로 진실로 네게 이르노니 사람이 물과 성령으로 나지 아니하면 하나님의 나라에 들어갈 수 없느니라(요 3:5).

성도 여러분!
당신은 거듭나셨습니까?
아니라면 서두르십시오.
시대가 악합니다.

추신
성도 여러분!
내가 과연 거듭난 그리스도인인지 아닌지를 확인할 방법이 있습니다. 예수님께서 당신이 이 땅에 오신 이유는 우리를 전도해서 구원하기 위함이라고 말씀하셨습니다(눅 4:43-44). 성도가 예수님의 영이신 성령님을 영접하게 되면 자연스럽게 예수님의 속성인 전도와 선교에 헌신하게 되어 있습니다. 그런데 만일 자신이 거듭났다고 자처하면서 전도와 선교에 관심이 없다면 절대로 거듭난 성도가 아닙니다. 성도가 거듭날 때 누구도 예외 없이 회개의 관문을 통과해야 합니다. 진정한 회개는 성도 자신이 지은 죄로 인하여 애통해할 때 하나님께서 눈물 콧물 쏙 빼는 회개의 영을 부어 주십니다. 이럴 때 성도는 성령님을 내 마음속에 주인으로 모셔 드리게 됩니다.
즉, 거듭난 성도가 되는 것입니다. 이런 역사가 없는 회개는 진정한 회개가 아닙니다. 성도들 가운데 영적 체험이나 영적 감동을 거듭남으로 착각하는 때가 있습니다. 일반 공연장에서도 감동으로 실신하기도 하며, 타 종교에서도 볼 수 있는 현상입니다. 이런 것에 속아서는 안 됩니다(거듭남은 간절히 사모하면 하나님의 시간과 때에 선물로 주십니다).

너희가 악할지라도 좋은 것을 자식에게 줄 줄 알거든 하물며 너희 하늘 아버지께서 **구**하는 자에게 **성령**을 주시지 않겠느냐 하시니라(눅 11:13).

• CLC 도서 소개 •

거듭남의 길

김필식 지음 | 신국판 | 344면

잠시 왔다 가는 인생이다. 그러나 한 번 주어진 인생을 허무한 삶으로 끝내서는 안 된다. 허망해지는 대신 의미 있게 거듭난 평안을 누린다면 이를 마다할 이유가 없음은 자명하다. 한 번 나에게 주어진 삶을 진지하게 생각하고 전심을 다해 거듭나기를 간구한다면 누구나 거듭나는 기회를 가질 수 있다. 이는 거룩하고 영원한 하나님 나라의 영생을 얻는 길이다. 일장춘몽 같은 삶에서 부귀영화를 누리는 것도 좋지만, 이는 사라지는 안개 같은 것들이다. 보다 영원하고 참생명이 되는 거듭나는 길로 인도함을 받는 일이야말로 가장 귀한 예수님의 선물이다.